AF329689

COLLECTION BABUT

PREMIÈRE PARTIE

Monnaies Françaises

ETIENNE BOURGEY

EXPERT EN MÉDAILLES

7 — RUE DROUOT — 7

PARIS (9ᴱ)

VENTE BABUT

(1ʳᵉ PARTIE)

28 Mars — 1ᵉʳ Avril 1927

Nᵒ	Fr.	Nᵒ	Fr.	Nᵒ	Fr.	Nᵒ	Fr.	Nᵒ	Fr.	Nᵒ	Fr.
1	15	50-51	32	109	190	156	1450	203	235	251	90
2	20	52-53	65	110	820	157	11100	204	410	252	10
3	27	54	6	111	850	158	19000	205	50	253	28
4	95	55	15	112	10000	159	60	206	35	254	55
5	14	56	25	113	1650	160	50	207	32	255	18
6	50	57	20	114	1350	161	105	208	22	256	10
7	92	58-59	20	115	300	162	105	209	105	257	14
8	140	60-61	38	116	22000	163	41	210	60	258	380
9	15	62	22	117	18000	164	65	211	38	259	400
10	27	63-64	25	118	420	165	32	212	70	260	67
11	34	65	50	119	30	166	20	213	25	261	105
12	50	66-67-68	30	120	135	167	90	214	95	262	85
13	55	69	10	121	38	168	52	215	25	263	72
14	165	70	28	122	72	169	82	216	32	264	72
15	14	71	34	123	100	170	92	217	65	265	78
16	27	72	54	124	290	171	80	218	130	266	85
17	11	73-74	30	125	350	172-173	55	219	22	267	100
18	32	75	26	126	280	174	57	220	30	268	550
19-20	16	76	57	127	250	175	1580	221	45	269	400
21	30	77-78	34	128	34	176	43	222	110	270	620
22	52	79	16	129	60	177	100	223	115	271	156
23	55	80	1800	130	37	178	18	224	155	272	275
24	35	81	30	131	37	179	400	225	350	273	650
25	80	82	22	132	650	180	145	226	145	274	515
26	41	83	90	133	50	181	420	227	105	275	310
27	30	84	310	134	40	182	710	228	110	276	665
28	18	85	200	135	150	183	400	229	200	277	720
29	62	86	5000	136	70	184	40	230	310	278	25
30	31	87	2800	137	160	185	40	231-232	47	279	120
31	45	88	920	138	170	186	55	233	62	280	60
32	22	89-90-91	42	139	110	187	52	234	22	281	26
33	280	92	47	140	530	188	170	235	52	282-283	36
34	40	93	115	141	37	189	270	236	23	284	40
35	110	94	25	142	110	190	90	237	62	285	600
36	120	95	20	143	105	191	135	238	78	286	25
37	60	96	1650	144	115	192	115	239	62	287	2500
38	47	97	900	145	115	193	60	240	100	288	72
39	55	98-99	15	146	75	194	220	241-242	120	289	13
40	80	100	920	147	105	195	1600	243	95	290	2550
41-42	50	101	450	148-149	135	196	450	244	65	291	470
43	18	102	110	150	95	197	220	245	1400	292	12
44	8	103-104	67	151	530	198	250	246	285	293-294	75
45-46	112	105	40	152	90	199	155	247	190	295	30
47	* 42	106	285	153	150	200	70	248	255	296	37
48	12	107	300	154	105	201	205	249	305	297	120
49	20	108	2500	155	355	202	215	250	30	298	270

N°	Fr.	N°	Fr.	N°	Fr.	N°	Fr.	N°	Fr.	N°	Fr.
301	510	356	220	409	52	472	135	533	19000	591	330
302	145	357	120	410	12	473	11	534	750	592	270
303	1900	358	750	411-412	125	474-475	52	535	210	593	400
304	330	359	40	413-414	16	476-477	53	536	115	594	420
305	100	360	190	415	3000	478	150	537	220	595	150
306	190	361	40	416	800	479	2300	538	240	596	205
307	80	362	87	417	55	480	50	539	90	597	230
308	110	363	70	418	75	481	62	540	95	598	135
309	190	364	105	419	101	482	48	541	4200	599	650
310	150	365	145	420	134	483	1020	542	480	600	400
311	90	366	135	421	70	484	1080	543-544	72	601	205
312	185	367	70	422	50	485	980	545	30	602	170
313	130	368	100	423	40	486	40	546	60	603	185
314	420	369	65	424	170	487	57	547	62	604	10000
315	680	370	180	425	115	488	57	548	350	605	1300
316	555	371	155	426-427	102	489	40	549-550	62	606	200
317	1200	372	32	428-429	167	490	55	551	70	607	130
318	90	373	15	430	85	491	100	552-553	65	608	1350
319-320	245	374	50	431	82	492	35	554	45	609	185
321	180	375	12	432	72	493	55	555	92	610	620
322	1750	376	27	433	245	494	67	556	70	611	680
323	600	377	23	434	1100	495	75	557	1400	612	225
324	110	378	130	435	62	496	42	558	2200	613	520
325-326	150	379	25	436	55	497	40	559	200	614	920
327	130	380	105	437	85	498	23	560	82	615	800
328	260	381	210	438-439	47	499	60	561	145	616	820
329	90	382	440	440	42	500	57	562-563	112	617	310
330	410	383	500	441	55	501	80	564	105	618-619	110
331	300	384	200	442	70	502	65	565	142	620	57
332	120	385	42	443	155	503-504	110	566	30	621	70
333	80	386	425	444	35	505	60	567	60	622	95
334	3000	387	61	445-446	23	506-507	115	568	130	623	75
335	955	388	85	447	22	508	32	569	520	624	40
336	85	389	5200	448	405	509	52	570	34	625	102
337	68	390	2900	449	405	510	62	571	18	626	30
338	60	391	610	450	270	511	44	572	120	627	95
339	62	392	1250	451	200	512	800	573	240	628	125
340	42	393	520	452	15	513	1550	574	135	629	95
341	50	394	1890	453	220	514-515	20	575	170	630	82
342	130	395	6100	454	120	516	65	576	115	631	85
343	50	396	81	455	82	517-518	56	577	105	632	85
344	95	397	195	456	1065	519	155	578	12	633	52
345	80	398	87	457-458	160	520	360	579	80	634	22
346	60	399	320	459	75	521	290	580-581	90	635	60
347	72	400	105	460-461	100	522	1100	582	560	636	60
348	100	401	55	462-463	82	523	34	583	900	637	40
349	85	402	145	464	82	524	310	584	600	638	45
350	95	403	35	465-466	80	525	800	585	200	639	62
351	67	404	52	467	1050	526-527	200	586	245	640-641	34
352	35	405	96	468	17	528-529	245	587	405	642	44
353	140	406	36	469	15	530	580	588	1020	643	72
354	110	407	65	470	15	531	20000	589	440	644-645	65
355	175	408	62	471	22	532	12100	590	140	646	70

N°	Fr.	N°	Fr.	N°	Fr.	N°	Fr.	N°	Fr.	N°	Fr.
647	75	705	72	770	290	826	65	890 à 893	125	960	16
648	32	706	450	771	50	827-828	50	894	405	961	80
649	400	707	380	772	57	829	40	895	625	962	35
650	105	708-709	150	773-774	37	830-831	75	896	700	963	26
651	102	710	220	775	42	832	60	897	75	964	39
652	55	711	75	776	160	833	65	898	900	965	47
653	360	712-713-714	44	777	50	834	30	899	280	966	38
654	47	715	65	778	64	835	70	900	205	967	14
655	50	716	62	779	62	836	52	901	200	968	18
656	26	717	80	780	250	837	50	902	135	969-970	105
657	90	718	40	781	68	838	85	903	125	971	250
658	47	719-720	125	782	78	839	52	904	170	972	240
659	30	721	57	783	37	840	55	905	110	973	60
660	53	722	40	784	780	841	62	906	105	974	75
661	85	723	1020	785	700	842-843	102	907	21000	975	40
662	65	724	130	786	78	844	70	908	410	976	280
663	127	725	22	787	200	845	100	909	80	977	72
664	72	726-727	35	788	120	846	38	910	65	978	10
665	72	728	2020	789	155	847	45	911-912	105	979	220
666	95	729	400	790	240	848	50	913-914	115	980	72
667	100	730	290	791	115	849	40	915	35	981	180
668	40	731	52	792-793	40	850	52	916	52	982	110
669	100	732	72	794	580	851	37	917-918	12	983	75
670	390	733	120	795	2100	852	62	919-920	92	984	16
671	32	734	60	796	37	853	62	921	190	985	320
672	590	735	32	797	700	854	70	922	35	986	42
673	200	736	28	798	500	855	62	923	145	987	28
674	52	737	170	799	1800	856	30	924	40	988-989-990	150
675	87	738	100	800	900	857-858-859	48	925	80	991	20
676	64	739	60	801	2500	860	63	926	92	992	1120
677-678	72	740	95	802	650	861	95	927	52	993	1380
679	700	741	400	803	185	862	52	928	60	994	730
680	82	742	55	804	270	863-864	140	929	660	995	780
681	75	743-744	420	805	1300	865	180	930	50	996	180
682	35	745	47	806	280	866	70	931	750	997	145
683	39	746	50	807	240	867-868-869	90	932-933	57	998	75
684-685-686	70	747	44	808	54	870	200	934-935-936	50	999	70
687-688	52	748	60	809	8500	871	52	937-938	90	1000	97
689	32	749	46	810	420	872	50	939-940	26	1001	1100
690	72	750-751	120	811	250	873-874	85	941-942-943	96	1002	170
691	165	752	68	812	150	875	180	944	135	1003	87
692	106	753	72	813	180	876	52	945	115	1004	80
693	75	754	120	814	550	877	60	946	310	1005	67
694-695	180	755-756	107	815	300	878-879	40	947	78	1006	54
696	45	757	13	816	1200	880	95	948	62	1007	45
697	100	758	630	817	4000	881	42	949	78	1008	45
698	60	759-760-761	32	818	120	882	65	950	38	1009	67
699	40	762	30	819	72	883	50	951	100	1010	80
700	55	763-764	24	820	62	884	54	952-953	32	1011	79
701	65	765	22	821	110	885	52	954	20	1012	16
702	95	766-767	120	822	57	886	18	955-956-957	60	1013	145
703	60	768	250	823	67	887	52	958	32	1014	145
704	67	769	42	824-825	140	888-889	6	959	12	1015	18

N°	Fr.	N°	Fr.	N°	Fr.	N°	Fr.	N°	Fr.	N°	Fr.
1016	75	1051-1052	170	1082	70	1112-1113	80	1144	45	1175	215
1017	52	1053	130	1083	165	1114	60	1145	50	1176	110
1018	25	1054	26	1084	150	1115	50	1146	38	1177-1178	45
1019-1020	52	1055	55	1085	167	1116	45	1147	40	1179-1180	80
1021	60	1056	110	1086	190	1117	18	1148-1149	40	1181	60
1022	43	1057	455	1087	125	1118	205	1150	125	1182	42
1023	50	1058	34	1088	61	1119	47	1151	230	1183	165
1024	32	1059	60	1089	40	1120-1121	55	1152	82	1184	310
1025	30	1060	80	1090	62	1122	45	1153	110	1185-1186	95
1026	57	1061	105	1091-1092	20	1123-1124	50	1154-1155	57	1187	55
1027	92	1062	55	1093	35	1125	26	1156	85	1188	65
1028-29-30	85	1063	52	1094	27	1126	180	1157	98	1189	37
1031-32-33	100	1064	52	1095	28	1127	45	1158	60	1190	45
1034	60	1065	27	1096	30	1128	190	1159	85	1191	120
1035	72	1066	60	1097	310	1129	53	1160	285	1192	235
1036	85	1067-1068	100	1098	1220	1130	152	1161	200	1193	45
1037	290	1069	125	1099	1320	1131	250	1162	70	1194	75
1038	130	1070	63	1100	360	1132	3900	1163	40	1195	125
1039	305	1071	250	1101	205	1133	490	1164	200	1196	200
1040	170	1072	60	1102	1500	1134	290	1165	115	1197	72
1041	115	1073	300	1103	330	1135	155	1166	165	1198-1199	150
1042	80	1074	56	1104	310	1136	52	1167	42	1200-1201	90
1043	170	1075	40	1105	60	1137	125	1168	155	1202	130
1044	175	1076	112	1106	55	1138	75	1169	22	1203	280
1045	1450	1077	92	1107	170	1139	32	1170	38	1204	58
1046	85	1078	62	1108	40	1140	35	1171	60	1205-1206	48
1047	60	1079	60	1109	72	1141	855	1172	16	1207	1550
1048-1049	160	1080	80	1110	62	1142	340	1173	240	1208	900
1050	185	1081	310	1111	165	1143	55	1174	42	1209	2350

Total : 432.495 francs

427 — PARIS. — IMP. G. CHAMEROT & Cie, 19, RUE BLEUE.

Commandant P. BABUT
1854 — 1926

Monnaies Françaises

Gauloises, Mérovingiennes, Carolingiennes,

CAPÉTIENNES

MONNAIES DE LA RÉVOLUTION

ET DE L'EMPIRE

VENTE AUX ENCHÈRES PUBLIQUES

A PARIS, HOTEL DES COMMISSAIRES-PRISEURS, RUE DROUOT, 9

SALLE N° 9

Du Lundi 28 Mars au Vendredi 1er Avril 1927

A DEUX HEURES PRÉCISES

EXPOSITION PUBLIQUE le Dimanche 27 Mars 1927

HOTEL DROUOT, SALLE 9

COMMISSAIRE-PRISEUR :	EXPERT :
Me Maurice CARPENTIER	M. Étienne BOURGEY
14, Rue de la Grange-Batelière	7, Rue Drouot, 7

PARIS

Exposition particulière :

Du 14 au 25 Mars 1927, chez M. Etienne Bourgey, expert, 7, rue Drouot (Téléphone : Central 74-64).

———

Exposition publique :

Le Dimanche 27 Mars 1927, Hôtel Drouot, Salle 9.

———

La vente aura lieu au comptant.

Les acquéreurs paieront 19,50 pour cent en sus des enchères.

L'authenticité des pièces est garantie.

M. Etienne Bourgey, 7, rue Drouot, se charge d'exécuter les commissions qui lui seront confiées.

L'ordre du catalogue sera suivi. L'expert se réserve le droit de diviser ou réunir les lots.

———

La seconde partie de la collection — monnaies féodales françaises, monnaies étrangères, médailles, jetons, curiosités, etc... — sera mise en vente dans le courant de l'année.

La bibliothèque numismatique ne sera pas vendue. Elle a été léguée tout entière par le Commandant Babut au Musée de la Monnaie de Paris.

———

Le Commandant P. BABUT

(1854-1926)

Le Commandant Auguste-Gaston-Pierre Babut de Rosan
est né à Paris, le 1er septembre 1854. Il était le fils de Pierre-Gaston-
Adolphe Babut, qui devint directeur des Contributions directes à
Toulouse, et de Mme Marie de Rosan.

Il appartenait cependant à une famille d'officiers ; son oncle,
Georges-Gaston, qui devint chef de bataillon en 1870, fit les campagnes d'Orient et d'Italie et participa à l'expédition de Rome en
1867 ; blessé à Sedan en 1870, il mourut des suites de ses blessures.

Son grand-père, Gaston-Marie, devint colonel de la 6e légion de
Gendarmerie et fit les campagnes de Belgique en 1815, d'Espagne en
1823 et d'Algérie en 1830.

Son ancêtre, Jean-Gaston, sous-lieutenant de cavalerie en l'an III,
devint colonel en 1813, après avoir fait les campagnes de Vendée, sur
le Rhin, en Italie et toutes celles de l'Empire et avoir été blessé à
Austerlitz et à Eylau.

On comprend qu'avec de pareils antécédents, le Commandant
Babut ait été plutôt entraîné vers l'Armée que vers une carrière
administrative.

Il est engagé volontaire le 7 août 1874, à Toulon ; trois ans après,
le 7 décembre 1880, il est nommé sous-lieutenant à Perpignan ; puis,
le 26 mai 1883, lieutenant à Lodève ; capitaine, le 9 avril 1892 ;
capitaine adjudant-major, le 1er septembre 1893 et vint avec ce grade
en garnison à Paris.

Le 27 septembre 1906, il était nommé chef de bataillon, à Riom ;
l'année suivante, en mars 1907, il demanda sa mise à la retraite, afin
de pouvoir se consacrer entièrement à ses travaux personnels.

Il reprit du service pendant la Grande Guerre et il fut mobilisé
du 2 août 1914 au 20 octobre 1918. Commissaire Militaire de Gare

d'abord à Noisy-le-Sec, puis à Nogent-le-Perreux, à Arras, à Abbeville, à Etaples et en dernier lieu au Bourget-Grande-Ceinture.

Le Commandant Babut à commencé tout jeune à collectionner. Il fut d'abord attiré par les timbres et il conserva toute sa vie un goût spécial pour la philatélie, ainsi que l'on pourra s'en rendre compte par les nombreuses séries de timbres qui figurent dans la deuxième vente.

Lorsqu'il fut nommé officier, en 1880, le Commandant Babut commença à s'intéresser à la numismatique et à recueillir des monnaies diverses ; ainsi en 1885, il put faire l'achat de tous les doubles d'un vieux numismate de Mende.

Mais ce ne fut vraiment qu'à partir de 1893 que sa vocation pour la numismatique put se développer et absorber tous les moments de liberté que lui laissait le service militaire.

C'est à peu près à cette époque qu'il se lia avec les membres de la Société française de Numismatique et en particulier avec Paul Bordeaux ; il devint alors membre de la Société, dont il fut élu, dans la suite, président en 1907, 1908, 1912 et 1913.

Ainsi que l'on pourra s'en rendre compte par les catalogues des ventes, la partie la plus importante de ses collections numismatiques, est la série nationale.

Il avait su réunir un ensemble choisi de monnaies de tous les règnes et parmi celles-ci des pièces de premier ordre, dont certaines en parfait état de conservation ; à la série royale, il avait ajouté des monnaies féodales.

Mais il ne s'était pas limité à la France ; il avait aussi recueilli d'intéressantes séries de monnaies étrangères, et en particulier de monnaies papales.

Les monnaies ne suffisaient pas à son goût pour les collections numismatiques ; il y ajouta les médailles, surtout modernes, et c'est ainsi que l'on verra figurer, dans la seconde vente, une série importante de médailles concernant les chemins de fer, des médailles françaises concernant la Grande Guerre, des médailles belges, œuvres des meilleurs artistes de Belgique, etc.

Comme annexe il avait joint, aux monnaies et médailles, un ensemble qu'il serait difficile de former actuellement, de poids en usage autrefois dans les diverses villes de France.

En plus, il avait réuni un certain nombre de curiosités militaires et il avait continué à compléter la collection de timbres, qui avait marqué ses débuts comme amateur.

Le Commandant Babut n'était pas seulement un collectionneur avisé ; il était encore un érudit apprécié et le relevé de ses travaux, donné à la fin de cette notice, témoigne de l'intérêt, presque exclusif, qu'il portait à notre numismatique nationale.

De plus, il avait dressé, sur fiches, le catalogue complet de toutes ses séries.

Mais l'accroissement de ses collections ne suffisait pas à son activité ; il voulut faire œuvre utile et il entreprit de constituer une bibliothèque numismatique de premier ordre.

Déjà à ses débuts comme collectionneur, il avait acheté des livres, mais dès que les nouvelles acquisitions de monnaies lui devinrent plus difficiles, ayant réuni les spécimens qu'il désirait, ou pouvait se procurer, il se consacra avec passion à sa bibliothèque.

Il s'efforça de réunir des collections complètes de revues numismatiques ; il se procura tous les ouvrages importants représentant une valeur scientifique ; il recueillit toutes les monographies, les notices et les moindres brochures, s'efforçant d'arriver à avoir ce qui lui était matériellement possible d'acquérir.

Soucieux d'avoir une bibliothèque en bon état, le Commandant Babut tint à « habiller » tous ses volumes et c'est ainsi que l'ouvrage de luxe, comme le moindre tirage à part, était relié ou cartonné, et tout était classé dans des meubles démontables.

Il compléta son travail en établissant un catalogue général, dressé avec une méthode parfaite.

On peut se rendre compte des services inappréciables qu'une bibliothèque de ce genre sera susceptible de rendre.

Le Commandant Babut faisait aussi partie des Sociétés belge et suisse de Numismatique.

Mais il avait un attachement particulier pour la Belgique, où il avait su se former de nombreuses et cordiales relations ; il se plaisait à assister régulièrement aux principales réunions de la Société belge et ne cessa de le faire qu'après la Guerre, sa santé ayant été ébranlée par les fatigues du service militaire, qu'il avait tenu à reprendre dès 1914.

Par testament, il avait désigné M. Et. Bourgey comme expert,

le chargeant de rédiger le catalogue de ses collections et d'en diriger
la vente.

Depuis près d'un an, l'état du Commandant Babut donnait les
plus vives inquiétudes à sa famille; conservant jusqu'à la fin toute sa
lucidité et ne cessant de parler de ses collections et de sa chère
bibliothèque, il s'est éteint, après une longue et douloureuse agonie,
le 28 décembre 1926, à l'âge de 72 ans.

Il avait été nommé chevalier de la Légion d'Honneur le
29 décembre 1898.

F. MAZEROLLE.

BIBLIOGRAPHIE

Louis d'or de Louis XVI frappé à Birmingham en 1790, dans les *Procès-verbaux de la Soc. franç. de Numismatique*, 1901, 2 pp. et grav.

Imitation liégeoise du double tournois de Louis XI par Louis de Bourbon, évêque de Liége (1456-1482). *Ibid.*, 1903, 3 pp. et grav.

Deux documents relatifs à l'installation de la machine à vapeur Perier à la Monnaie de Paris, en l'an IV. *Ibid.*, 1907, 8 pp.

Plaquette commémorative du premier centenaire du train des équipages militaires. *Ibid.*, 1907, 3 pp.

Les monnaies de Louis XVI et la déclaration du 30 Octobre 1785. *Ibid.*, 1907, 6 pp.

Les graveurs Branche (Jean-Nicolas) et Branche (Louis-François Le Jeune). xviii⁰ siècle, dans la *Revue Numismatique*, 1908, 9 pp. et grav.

Quelques mots sur les jetons et la médaille des Caisses d'Escompte sous l'Ancien Régime, dans les *Procès-verbaux de la Soc. franç. de Numismatique*, 1909, 5 pp.

Cadouin et son cloître, dans les *Mém. de la Soc. N⁰ des Antiquaires de France* t. LXVIII (1909), 25 pp. 1 plan et grav.

A propos d'un sceau du xix⁰ siècle de l'Ordre du Temple. Les Templiers de 1313 à 1871, dans la *Revue belge de Numismatique*, 1909, 63 pp. et 4 pl.

Les Caisses d'Escompte sous l'Ancien Régime, dans la *Gazette franç. de Numismatique*, 1909, 31 pp. et 2 pl.

Une nouvelle œuvre du graveur Jean-Nicolas Branche. Le sceau du prince Louis-Joseph de Bourbon-Condé (1736-1818), *Ibid.*, 1910, 6 pp. et grav.

Le cachet, le timbre et le coin du jeton des portes-lances de l'ordre du Temple, dans le vol. du *Congrès de Numismatique de Bruxelles*, 1910, 11 pp. et grav.

Demi-franc de Henri III frappé à Narbonne pendant la Ligue en 1587, dans les *Procès-verbaux de la Soc. franç. de Numismatique*, 1911, 5 pp. et grav.

La fin de la monnaie d'Omdourman (Omme-Dirman, Soudan), sous le Khalife Abd-Allah-et-Taaïschi, 1885-1898, la monnaie de cuivre, dans la *Revue belge de Numismatique*, 1912, 12 pp. et grav.

Ateliers monétaires des rois de France, Chambéry et Turin au xvi⁰ siècle, 1536-1559, dans la *Revue suisse de Numismatique*, 1912, 9 pp.

Ateliers monétaires des rois de France, Tournai, 1294-1521, dans la *Revue belge de Numismatique*, 1914, 16 pp.

Ateliers monétaires des rois de France; Ateliers provinciaux : Monnaies des rois de France. Marseille, 1492-1857. Aix, 1481-1786. Tarascon, 1481-1518, dans la *Revue suisse de Numismatique*, 1914, 30 pp.

Ex Libris du Commandant BABUT

MONNAIES GAULOISES

1 *Marseille*. Oboles (2 p.), drachme, arg. et PB. — Ens. 4 p. B.

2 *Longostalètes*. Type au trépied. Bitoucos (2 p.). — Br. 3 p. Frustes.

3 *Volques Tectosages*. Tête imberbe à g. ℞. Croix cantonnée d'une hache, d'olives, etc. — Arg. 2 p. variées. TB.

4 Pièces à la croix. — Arg. 14 p. variées. B. et TB.

5 *Lemovices, Eduens*. Arg. *Leuques*. Br. — Ens. 3 p. B.

6 *Celtiberiens*, Emporia (7 p.). Celtis, etc. Br. — Frustes.

MONNAIES MEROVINGIENNES

7 *Imitation du triens de Justinien*. Légende confuse. Buste à droite. ℞. Légende confuse. Victoire de face. — Or. TB.   *Pl. I.*

MONNAIES CAROLINGIENNES [*]

8 **Charlemagne**. *Mayence?* CAROLVS en deux lignes. ℞. MAGOCS en trois lignes et croisette (VIII. 80). Denier. — Arg. B. Rare.

Pl. I.

Vente Meyer, 1902, N° 88.

9 *Melle*. ✝ CARLVS REX FR. Croix. ℞. ✝ METVLLO. Monog. par K (XIII. 209). Denier. — Arg. TB.

10 *Toulouse*. Même type avec ✝ TOLVSA. Denier. — Arg. B.

11 *Tours*. Même type, TVRONIS (XIII. 214). Denier. — Arg. TB.

12 **Louis I d'Aquitaine**. *Melle*. LVDOVVIC en deux lignes. ℞. ✝ METALLVM. Croix. Obole. — Arg. TB.

(*) Les numéros entre parenthèses se rapportent à l'ouvrage de Gariel : *Monnaies Royales de France*.

13 **Louis le Débonnaire** *Melle.* + ʜʟᴠᴅᴏᴠᴠɪᴄᴠꜱ. Quatre triangles dans
le champ. ℞. + ᴍᴇᴛᴀʟʟᴠᴍ. Coins et marteaux (xvɪ, 71). Obole.
— Arg. TB. Rare.   *Pl. I.*
14 *Narbonne.* + ʟᴠᴅᴏᴠ.ᴠɪᴄᴠꜱ ᴍᴘ. Croix. ℞. ɴᴀʀ-ʙᴏɴᴀ en deux
lignes (xvɪɪ, 85). Denier. — Arg. TB.
15 *Melle.* (xvɪ, 70). *Anonyme.* Deniers au Temple (3 p.). — Arg.
4 p. B.
16 **Pépin I d'Aquitaine.** + ᴘɪᴘᴘɪɴᴠꜱ ʀᴇx. Croix. ℞. ᴀǫᴠɪ-ᴛᴀɴɪᴀ en deux
lignes (xx, 1). Obole. — Arg. TB.
17 **Charles le Chauve.** *Orléans.* Denier au Temple. *Anonyme.* Denier
au Temple (2 p.). — Ens. 3 p. Arg. B.
18 *Melle.* ᴍᴇᴛᴀʟʟᴠᴍ en deux lignes (xxɪɪɪ, 60) et type immobilisé avec
ᴍᴇᴛᴀʟᴏ. Deniers. Oboles avec ᴍᴇᴛᴀʟᴏ (xxɪɪɪ, 61) et au grand
monogramme (xxɪᴠ, 77). — Arg. 7 p. B. et TB.
19 *Agen.* + ᴄᴀʀʟᴠꜱ ʀᴇx ꜰʀ. Croix. ℞. + ᴀɢɪɴɴᴏ. Monog. (xxɪɪ, 26).
Denier. — Arg.
20 *Nevers.* (xxɪᴠ, 91). *Anonymes.* Denier et obole au Temple. — Arg.
3 p. B. et TB.
21 *Edit de Pitres.* Court-Sessin (xxvɪɪɪ, 94). Le Mans (xxx, 129).
Orléans (xxxɪ, 165). Deniers. — Arg. 5 p. B. et TB.
22 Le Palais (xxxɪɪ, 178). Quentovic (xxxɪɪ, 187). Rennes (xxxɪɪ, 199).
St Denis (xxxɪᴠ, 219). Tours (xxxvɪ, 267). Deniers. — Arg. 5 p.
B. et TB.
23 **Pépin II d'Aquitaine.** *Toulouse.* + ᴘɪᴘᴘɪɴᴠꜱ ʀᴇx. Croix. ℞. ᴛᴏʟᴏꜱᴀ
ᴄɪᴠɪ. Monog. (xxxvɪɪ, 6). Denier. — Arg. TB.
24 Obole, même type (xxxvɪɪ, 8). — Arg. B. Rare.
25 **Louis II le Bègue.** *Arles.* + ʟᴠᴅᴏᴠᴠɪᴄᴠꜱ. Croix. ℞. + ᴀʀᴇʟᴀ ᴄɪᴠɪꜱ.
Monogr. (xxxvɪɪ, 7). Denier. — Arg. TB.
26 **Charles le Gros.** *Bourges.* (xxɪɪ, 45). *Arles* (xʟ, 10). Deniers. —
Arg. 2 p. B. et TB.
27 **Eudes.** Deniers de *Blois. Limoges* (2 p.). *Toulouse.* — Arg. 4 p. B.
et TB.
28 **Lothaire.** *Bourges.* Monog. dégénéré (ʟvɪɪ, 7). Denier au Temple. — Arg. 2 p.
29 *Châlon-sur-Saône.* + ʟᴏᴛᴀʀᴠꜱ. ʀᴇx. Au centre B. ℞. ᴄᴀᴠɪʟᴏɴ ᴄɪᴠᴛ.
Croix (ʟvɪɪ, 12). Denier. — Arg. TB. Rare.

MONNAIES CAPÉTIENNES [*]

Hugues Capet (987-996)

3o *Beauvais*. Hervé, évêque, HVGO REX HERVEVS. Croix cantonnée de
deux points. R̃. BELVACVS CIVITAS. Monog. (9). Denier. — Arg.
2 p. AB. et B.
31 *Orléans*. + D-I DEXTRA BE. Porte de ville accostée des lettres
HVGO. R̃. AVRELIANIS CIVITA. Croix (Voir Manuel de Numismatique Française par A. Dieudonné, p. 210). Denier. — Arg. B.
32 — Autre exemplaire varié. — Arg. B.

Robert le Pieux (996-1031)

33 *Paris*. ROTBERTVS. Dans le champ, REX. R̃. PARISIVS CIVITAS. Croix
(1). Denier. — Arg. B. Rare.   *Pl. I.*
34 — Même type (2). Obole. — Arg. B. Très rare.
35 *Mâcon*. + ROTBERTVS. Dans le champ, R entre deux
R̃. + MATISCONVM (9). Obole.

Henri Ier 1031-1060

36 *Paris*. HANIRICVS REX. Dans le champ, A et ω suspendus par
deux pals. R̃. ⋮ PAISIVS CIVITAS. Croix (1). Denier. — Arg. B. Rare.
                    Pl. I.

Vente Hauet, 1908, N° 379.

37 — Autre. R̃. PAISIVS CIVITAS. — Arg. B. Rare.
38 — Autre. HAINRICVS REX. Dans le champ, ω et A. — Arg. B. Rare.
39 Même type (2). Obole. — Arg. B. Rare.

Philippe Ier (1060-1108)

40 *Paris*. PHILIPPVS REX. Dans le champ, A et ω. R̃. PARISIVS CIVITAS.
Croix (3). Denier. — Arg. TB. Rare.   *Pl. I.*
41 + PHILIPPVS. Dans le champ, REX. R̃. PARISIVS CIVITAS à rebours
(5). Obole. — Arg. B. Rare.
42 *Orléans*. + LI DEXTRA BE. Portail accosté de C-H. R̃. + AVRELIANIS
CIVITA. Croix (7). Denier. — Arg. B.
43 Même type (8). Obole. — Arg. B.

---

[*] Les numéros entre parenthèses se rapportent à l'ouvrage d'Hoffmann : *Monnaies Royales de France*.

44 *Etampes.* + PHILIPPVS X REX-I. Portail ℞. Croix cantonnée de
  deux s (17). Denier. — Arg. AB.

45 *Senlis.* + PHILIPPVS REX. Croix cantonnée de deux c. ℞. + CIVITAS
  SILNECTIS. Croix accostée de GCISL (21). Denier. — Arg. B.

46 Même avers. ℞. Croix cantonnée de VTSC (22). Obole. — Arg. B.
  Rare.

47 *Dreux.* FILIP-S REX I. Châtel. ℞. + DRVCAS CASTA. Croix cantonnée
  de deux c (27). Denier. — Arg. 2 p. B.

48 *Mâcon.* + PILIFVS RX. Croix évidée en losange. ℞. + MATISCON.
  Dans le champ, s (31). Denier. — Arg. B.

Louis VI (1108-1137)

49 *Paris.* LVDOVICVS REX. Alpha et oméga suspendus. ℞. PARISII CIVI.
  Croix cantonnée de A et Ω (3). Denier. — Arg. AB.

50 *Pontoise.* Deniers au type de l'alpha et oméga suspendus (5 et 6).
  — Arg. 5 p. B.

51 *Orléans.* Deniers au type du portail (8). — Arg. 6 p. B.

52 *Etampes.* + LODOVICVS REX I. Portail accosté des lettres SI AP IC.
  ℞. CASTELLVM STAMPIS. Croix cantonnée de deux s (9 varié).
  Denier. — Arg. B. Rare.

53 *Senlis.* + LVDOVICVS REX. Croix. ℞. SINELECTIS CIV. Croix à trois
  branches cantonnée de deux fleurons; dessous, s (10). Denier.
  — Arg. 2 p. B.

54 *Château-Landon.* LVDOVICVS REX. Pal accosté d'un croisette entre
  deux globules et d'une crosse. ℞. + LANNONIS CASTA. Croix
  cantonnée de deux croisettes (14). Denier. — Arg. 2 p. B.

55 *Dreux.* + LVDOV-CVS REX. Châtel. ℞. + DRVCAS CASTA. Croix cantonnée de deux lis (16). Denier. — Arg. B.

56 Même type (17). Obole. — Arg. B.

57 *Montreuil.* + LODOVIC'REX. Croix. ℞. + MONSTEROLV. Temple (21).
  Denier. — Arg. B.

58 *Nevers.* Monogr. dégénéré et croisette. ℞. Croix. Deniers variés.
  — Arg. 5 p. B. et TB.

Classées par HOFFMANN à Louis VI (22), ces pièces sont, en réalité, des monnaies carolingiennes de type immobilisé.

59 Oboles au même type (23). — Arg. 2 p. B.

Louis VII (1137-1180)

60 *Paris.* + LVDOVICVS REX. Dans le champ, FRANCO en deux lignes.
  ℞. + PARISII CIVIS. Croix (1). Denier. — Arg. 7 p. variées. B.

61 *Mantes*. Même lég. Croix cantonnée de deux annelets. ℞. + CAS-
    TRVM NAT. Deux croisettes et deux annelets (3). Denier. — Arg.
    2 p. B.

62 *Bourges*. Même lég. Tête mitrée de face. ℞. + VRBS BITVRICA.
    Croix florencée (4). Denier. — Arg. 2 p. B.

63 *Etampes*. LODOVICVS REX I. Dans le champ, E couché, annelet, etc.
    ℞. CASTELLVM STAMPIS. Croix cantonnée de deux A (6). Denier.
    4 p. Même type (7). Obole. — Ens. 5 p. Arg. B.

64 *Bourbon*. LODVICVS REX. Dans le champ, E, croisette, faucille.
    ℞. + BORBONENSIS. Croix cantonnée de deux trèfles (13).
    Denier. — Arg. B.

65 + LVDOVICVS REX. Tête à g. ℞. Même lég. Croix cantonnée de
    quatre globules (15). Denier. — Arg. TB. Rare.   *Pl. I.*

66 *Laon*. Denier (20). — Arg.

67 *Langres*. Type immobilisé au nom de + LVDOVICVS REX. Crosse,
    croissant, étoile (Classé par Hoffmann à Louis VII, n° 17).
    Denier. — Arg. B.

68 *Angoulême*. Deniers et oboles de type immobilisé. — Arg. 6 p. B.

Philippe II Auguste (1180-1223)

69 *Paris*. PHILIPVS REX. Dans le champ, FRANCO en deux lignes (1).
    Arras. Même type (3). Deniers. — Ens. 3 p. Arg. B.

70 *Montreuil*. MOVTVRVEL. Croix (9). Denier. — Arg. 2 p.

71 *Péronne*. + PERONNE. Croix (10). Denier. — Arg. TB.

72 *St-Omer*. + SEINT HOMER. Croix cantonnée de deux crosses (11).
    Denier. — Arg. TB.

73 *Déols*. + REX PILIPVS. Croix. ℞. + DENOLIS. Deux triangles enlacés
    (7). Denier. — Arg. 2 p. B.

74 *Tours*. Deniers au châtel; St Martin (12). 4 p. *Laon*. Denier au
    buste de face de l'évêque Roger (17). — Ens. 5 p. Arg. AB.
    et B.

Louis VIII (1223-1226)

75 *Paris*. Deniers parisis (1) et deniers tournois (3). — Arg. 5 p. B.
    et TB.

Louis IX (1226-1270)

76 *Gros Tournois*. + BNDICTV : SIT : NOME ⋮ DNI ⋮ NRI ⋮ DEI ⋮ IHV XPI
    En légende intérieure : + LVDOVICVS REX. Croix. ℞. + TVRONVS
    CIVIS. Châtel tournois, dessous, une étoile. Bordure de 12 lis
    (9). — Arg. Très beau.

77 Variétés sans l'étoile (10). — Arg. 3 p. TB.

78 Variétés. Lis ou X accosté de points (*Louis X*, 2 et 3) — Ens. 3 p. Arg. TB.

79 *Denier parisis* (11). *Denier Tournois* (13 et var.). *Obole* (14). — Ens. 12 p. Bill. B.

Philippe III le Hardi (1270-1285)

80 *Masse d'or.* ✠ PHILIPP : DEI : GRA : FRANCHORV : REX. Entre deux lis, le roi sur un trône et tenant un lis et un sceptre (la masse) fleurdelisé. ℞. ✠ XPC : VICIT : XPC : REGNAT : XPC : IMPERAT. Croix feuillue cantonnée de lis (3). — Or. Très belle. Rare.
Pl. I.

81 *Gros Tournois.* ✠ PHILIPVS REX (5). — Arg. 3 p. B. et TB.

82 *Denier et obole parisis* (6, 7). *Denier et obole* tournois (8, 9). — Bill. 5 p. B.

83 *Denier de Toulouse.* ✠ PHILIPVS REX. Lis. ℞. TOLOSA CIVI. Croix fleurdelisée (10). — Bill. B. Rare.
Pl. I.

Philippe IV le Bel (1285-1314)

84 *Agnel d'or.* ✠ AGN' D'I QVI TOLL' PECA MVDI MISERERE NOB'. Agneau pascal ; dessous, PH'REX. ℞. ✠ XPC. VINCIT. XPC. REGNAT. XPC. IMPERAT. Croix feuillue dans une rosace cantonnée de lis (1). — Or. B. Rare.
Pl. I.

85 — Autre exemplaire. — Or. B. Rare.

86 *Petit royal d'or.* PHILIPPVS DEI GRACIA. Le roi assis de face, tenant un lis et un sceptre fleurdelisé. ℞. REX FRANCORVM. Croix feuillue coupant la légende et cantonnée de lis (2). — Or. TB. Très rare.
Pl. I.

87 *Chaise d'or.* ✠ PHILIPPVS : DEI : GRA : FRANCHORVM : REX. Le roi tenant un lis et un sceptre assis sur un trône gothique. ℞. ✠ XPC : VINCIT :, etc. Croix dans une rosace cantonnée de couronnes (3). — Or. TB. Rare.
Pl. I.

88 *Masse d'or.* Même légende. Le roi assis tenant un lis et un sceptre. ℞. Même légende. Dans une rosace, croix cantonnée de lis (4). — Or. TB. Rare.
Pl. I.

89 *Gros Tournois, Maille* à l'o rond (5, 7). — Arg. 6 p. B. et TB.

90 *Gros Tournois* à l'O long (8). — Arg. 4 p. B.

91 — Autres. O rond, L bidenté ou fleurdelisé. *Maille* à l'O long. — Arg. 3 p. B.

92 *Gros Tournois.* Châtel surmonté d'un lis (*Philippe III*, n° 4). Arg.
4 p. B. et TB.

93 *Piéfort du Denier parisis.* ⚬ PHILIPPVS ⚬ REX. Dans le champ
FRA-NCO. ℞ + PARISIVS CIVIS. Croix cantonnée d'une étoile
(voir N. 14). — Bill. B. Très rare. *Pl. I.*

94 *Denier et obole parisis* (14, 15). *Deniers et mailles tournois*
(16, 18). *Double royal* (20). — Bill. 13 p. En général B.

95 *Double tournois* (23). *Mitte royale* (25). *Bourgeois fort et simple*
(26, 28). *Maille bourgeoise* (30). — Bill. 19 p. La plupart B.

Louis X le Hutin (1314-1316)

96 *Agnel d'or.* + AGN' D'I QVI TOLL' PECA MVDI MISERERE NOB. Agneau
pascal; dessous, LVD'REX. ℞ + XPC ⚬ VINCIT ⚬, etc. Croix feuillue
dans une rosace cantonnée de lis (Hoffmann n° 1 de *Louis IX*).
— Or. B. Rare. *Pl. I.*

Philippe V, le Long (1316-1322)

97 *Agnel d'or.* Sous l'agneau PH'REX et un petit marteau (1). — Or.
Très beau. Rare. *Pl. I.*

98 *Denier tournois* (2). Arg. 3 p. variées. B.

99 *Denier et maille parisis* (4, 5). *Denier et maille tournois* (6, 7).
— Bill. 7 p. B.

Charles IV, le Bel (1322-1328)

100 *Agnel d'or.* Sous l'agneau KL'REX et N sous l'R (1). — Or. TB.
Rare. *Pl. I.*
Vente L. Morel, 1905, n° 4.

101 *Royal d'or.* KOL' REX., FRA'. COR'. Sous un dais gothique, le roi
debout tenant un sceptre. ℞ + XP'C. VINCIT, etc. Croix dans
une rosace cantonnée de couronnes (2). — Or. Très beau.
Pl. I.

102 *Gros Tournois.* Type ordinaire avec KAROLVS (5). — Arg. B.
Rare.

103 *Mailles* (7, 9). — Arg. 6 p. B. et TB.

104 *Piéfort du double Parisis* (11). Billon. Fruste. Rare.

105 *Double parisis et parisis* (10, 12). *Double* avec SINGNVM. C. —
Bill. 8 p. B. et TB. La dernière rare.

Philippe VI de Valois (1328-1350)

106 *Royal d'or.* C + PH. REX., FRA'COR'. Sous un dais gothique, le roi
debout tenant un sceptre. ℞ + XPC, etc. Croix dans une rosace
cantonnée de couronnes (1). Chinon. — Or. TB. *Pl. I.*

107 — Autre. B au début de la lég. Bourges. — Or. TB.   *Pl. I.*

108 *Parisis d'or.* + PHILIPPVS : DEI : GRA : FRANCORVM : REX. Le roi,
tenant un sceptre et une main de justice, assis sous un dais
ogival, les pieds posés sur deux lions. ℞. + XPC, etc. Dans une
rosace, croix cantonnée de lis (2). — Or. TB. Rare. *Pl. II.*

109 *Ecu d'or.* + PHILIPPVS. DEI.. GRA. FRANCORVM REX. Le roi, assis
sur un trône, tenant un glaive et l'écu de France. ℞. + XPC :,
etc. Croix dans une rosace cantonnée de trèfles (3). — Or. TB.
Pl. II.

110 *Lion d'or.* PH : DEI : GRA.. FRANC : REX. Le roi, tenant deux
sceptres, assis sur un trône gothique, les pieds appuyés
sur un lion. ℞. + : XP'C :, etc. Croix dans une rosace cantonnée de couronnes (6). — Or. TB.   *Pl. II.*

111 *Pavillon d'or.* PHILIPPVS : DEI GRA : FRANCORVM : REX. Le roi tenant
un sceptre assis sous un pavillon fleurdelisé. ℞. + XP'C :, etc.
Croix dans une rosace cantonnée de couronnes (8). — Or. TB.
Pl. II.

112 *Couronne d'or.* +, PH. DI. GRA. REX. FRANC. couronne
royale entourée de six fleurs de lis. ℞. + XP'C : VINCIT : XP'C :
REGNAT : XP'C : IMPERAT. Dans une rosace, croix cantonnée de
lis couronnés (9). — Or. Très belle pièce, extrêmement rare.
Pl. II.

Vente de Castellane, 1896, N° 161.

113 *Double royal d'or.* PH : DEI : GRA. FRANC : REX. Le roi, tenant
deux sceptres, assis sous un dais. ℞. + XP'C :, etc. Croix cantonnée de couronnes, dans une rosace (11). — Or. TB. Rare.
Pl. II.

114 *Ange d'or.* PHILIPPVS : D' GRA : FRA' : REX Sous un dais gothique,
ange debout sur un dragon et tenant une croix et l'écu de
France, le tout dans une rosace. ℞. + XP'C :, etc. Croix dans
une rosace fleurdelisée cantonné de couronnes (12). Poids
6 gr. 3o. — Or. TB. Rare.   *Pl. II.*

115 *Chaise d'or.* + PHILIPPVS. DEI. CRACIA. FRANCORVM. REX. Dans
une rosace, le roi assis sur un siège gothique, tenant le
sceptre et la main. ℞. Croix fleurdelisée dans une rosace cantonnée de couronnes (14). Or. TB.   *Pl. II.*

116 *Florin-Georges en or* (lis) PHILIPPVS : DEI GRA' : FRACOR : REX. Dans
une rosace, S¹ Georges à cheval, perçant de sa lance un dragon. ℞. + XP'C :, etc. Croix dans une rosace cantonné de lis
(16). — Or. TB. Extrêmement rare.   *Pl. II.*

Vente Meyer, 1902, N° 679.

117 — Autre. + PHILIPPVS. DEI. GRACIA. FRANCORVM. REX. Même
type. ℞. + XP'C., etc. Croix dans une rosace cantonnée
de quatre écus à trois lis (18). — Or. Très belle pièce, très
rare. *Pl. II.*

118 *Gros parisis.* + PHILIPPVS REX FRANCO en lég. intérieure. Croix
cantonnée de deux lis. ℞. + PARISIVS. CIVIS. ARGENTI. Sous une
couronne, FRACO PHI. Bordure de lis (19). Arg. TB. Rare.
Pl. II.

119 *Gros* tournois (20) ; à la queue (22) ; à la couronne (25). *Maille*
(21). — Arg. 5 p. B. et TB.

120 *Piéfort du Double parisis.* PHILIPPVS REX. Dans le champ. FRANCO
en deux lignes. ℞. MONETA DVPLEX. Croix (Voir H. 38). — Bill.
B. Rare.

121 *Gros à la fl. de lis* (29). *Double parisis* (31, 40, 42, 56). *Maille* (57).
Double tournois (58) et *tournois* (50, 52). — Bill. 17 p. La
plupart B.

122 *Piéfort du Double Tournois* (59). — Bill. AB. Rare.

Jean II, le Bon (1350-1364)

23 *Ecu d'or.* + IOHANNES : DEI. . GRA.. FRANCORVM : REX. Dans une
rosace, le roi, assis sur un siège gothique, tenant un glaive et
un écu. ℞. + XPC. VINCIT., etc. Croix dans une rosace cantonnée de trèfles (1). — Or. TB. *Pl. II.*

24 *Mouton d'or.* + AGN. DEI., etc. Agneau pascal ; dessous, IOH' REX.
℞. + XPC., etc. Croix cantonnée de lis dans une rosace can-
tonnée de 8 lis (3). — Or. TB.
Pl. III.

125 *Royal d'or.* IOHES : DEI : GRA FRANCORV REX. Le roi tenant un
sceptre debout sous un dais gothique. ℞. + XPC :, etc. Croix
arquée, évidée et feuillue cantonnée de quatre lis (8). — Or.
TB. *Pl. III.*

126 *Franc à cheval en or.* IOHANNES : DI : GRACIA : FRANCORV REX. Le
roi, vêtu d'une cuirasse fleurdelisée et l'épée haute, au galop
sur un cheval couvert d'une housse fleurdelisée. ℞. + XPC * .,
etc. Croix dans une rosace cantonnée de trèfles (10). — Or.
TB. *Pl. III.*

127 *Florin d'or.* S. IOHANNES B. (casque). St Jean debout de face. ℞. +
FRANTIA. Lis (11). — Or. B. *Pl. III.*

128 *Gros tournois* (15, 16, 19). — Bill. 8 p. B. et TB.

129 *Grand blanc à la couronne* (25, 26, 28). — Bill. 7 p. B.

130 *Gros blanc à la fleur de lis* (31). *Gros denier blanc* (32, 33). *Poil-livillain* (35). — Bill. 9 p. B.

131 *Gros blanc* aux trois lis (37) ; à la fleur de lis (39) ; dit « compa-gnon » (41). — Bill. 6 p. B.

132 *Piéfort du gros blanc* dit « compagnon ». (Lis). IOHANNES. DEI. GRA. Croix. R̂. FRANCORVM. REX. Châtel (42). — Bill. TB. Rare.
Pl. III.

133 *Gros blanc à l'étoile* (44). — Bill. 2 p. AB. et B.

134 *Gros blanc aux fleurs de lis* (46). *Gros* dit « Patte d'oie » (49). — Bill. 3 p. B.

135 *Gros tournois à la couronne* (51). Arg. B. Rare.

136 *Bourgeois fort* (53). *Double parisis* (55, 56, 57, 58, 59 var.). *Pari-sis* (60, 61). *Denier tournois* (63, 67, 70). — Bill. 13 p. B.

Charles V (1364-1380)

137 *Franc à pied en or.* KAROLVS. DI. GR. FRANCORV. REX. Le roi debout sous un portail gothique, tenant une épée et une main de justice. R̂. + XPC, etc. Croix cantonnée de 4 lis et de 2 couronnes dans une rosace cantonnée de 8 lis (2). — Or. TB.

138 *Franc à cheval en or.* KAROLVS : DI : GRACIA : FRANCORV : REX. Type de franc à cheval de Jean II. R̂. + XP'C, etc. Croix dans une rosace cantonnée de trèfles (4). — Or. TB.

139 — Autre exemplaire moins beau.

140 Variété. Dauphin au commencement de la lég. du revers. Fr. pour le Dauphiné (voir n. 5). — Or. TB. *Pl. III.*

141 *Gros tournois* (6). *Blanc aux fl. de lis* (7). — Arg. et Bill. 10 p. La plupart B.

142 *Gros delphinal* (13, 14). *Petit dauphin* (16, 17). — Bill. 5 p. B. et TB.

Charles VI (1380-1422)

143 *Ecu d'or.* + KAROLVS. DEI. GRACIA. FRANCORVM. REX. Ecu de France couronné. R̂. + XPC, etc. Croix fleurdelisée dans une rosace fleurdelisée cantonnée de couronnes (1). Crémieu. — Or. TB.

144 — Autre. + KAROLVS, etc. Romans. — Or. FDC. *Pl. III.*

145 — Autre. Mirabel. — Or. TB.

146 — Autre. Tournai. — Or. TB.

147 — Autre. St Quentin. — Or. TB.

148 — Autre. Villeneuve les Avignon. — Or. TB.

149 — Autre. Ste Menehould. — Or. B. Ebréché.

150 — Autre. Tour en fin de légende. — Or. TB.

151 *Ecu d'or à la couronne* (émis sous la régence du dauphin Charles). ✠ KAROLVS. DEI. GRACIA. FRANCORVM. REX F. Ecu de France couronné accosté de deux couronnes. ℞. ✠ XPC, etc. Croix fleurdelisée dans une rosace fleurdelisée cantonnée de quatre lis (Hoffmann 3, *Charles VII*). Fouras. — Or. TB. Rare. *Pl. III.*

Vente Bourgey, Décembre 1904, N° 38.

152 *Agnel d'or.* ✠ AGN : DEI etc. Agneau pascal dans une rosace ; dessous, KL RX. ℞. XPC, etc. Croix cantonnée de 4 lis dans une rosace (3). Villeneuve les Avignon. — Or. B.

153 — Autre. Point sous les 18es lettres. Paris. — Or. TB.

154 — Autre. Point sous les 5es lettres. Toulouse. — Or. TB. *Pl. III.*

Peut être de Charles VII.

155 Variété. Sous l'agneau, ₒRₒ F RX. ℞. La croix cantonnée de 3 lis et d'une croisette (voir n. 4). Points sous les 4mes lettres (Montpellier). — Or. TB. Rare. *Pl. III.*

Imitation attribuée à Yolande de Bar.

156 *Demi-heaume d'or.* ✠ KAROLVS. DEI. GRACIA FRANCOR... Ecu de France, timbré d'un heaume couronné, cimé d'une fleur de lis et orné de lambrequins, le tout dans une rosace. ℞. ✠ XPC, etc. Croix cantonnée de lis dans une rosace (6). La Rochelle. — Or. TB. Mais quelques imperfections dans la frappe. Rare. *Pl. III.*

157 *Salut d'or.* ✠ KAROLVS. DEI. GRACIA. FRANCORVM. REX. Ecu de France accosté de la Vierge et de l'Ange tenant une banderolle avec AVE. ℞. ✠ XPC, etc. Dans une rosace fleurdelisée, croix accostée de deux lis ; dessous, K (7). Paris. — Or. TB. Extrêmement rare. *Pl. III.*

158 *Chaise d'or.* ✠ KAROLVS. DEI. GRACIA. FRANCORVM. REX. Dans une rosace, le roi, tenant un glaive et un sceptre, assis, les pieds appuyés sur deux lions. Le siège orné de masques de lion est accosté de deux écus de France. ℞. ✠ XPC, etc. Croix cantonnée de lis dans une rosace (9). La Rochelle. — Or. TB. Extrêmement rare. *Pl. III.*

159 *Gros dit Grossus* (11 et 14). — Bill. 4 p. B. et TB.

— 12 —

160 *Gros aux fl. de lis* (15). Rouen, Tournai. — Arg. 2 p. TB.
161 Variété. La croix du revers cantonnée de quatre lis (16, d'après
     Le Blanc). — Arg. B. Rare.
162 *Gros dit Florette* (17). Paris, Toulouse, Angers, Tournai,
     St Quentin, Troyes, Auxerre, Mâcon, Châlons. — Bill. 17 p.
     B. et TB.
163 — Autres. Dijon, Chalon, Troyes, Mâcon, Amiens, Rouen,
     Montpellier. — Bill. 13 p. B. et TB.
164 — Autres. Crémieu, Romans, Mirabel, St André de Villeneuve,
     Montpellier, Toulouse — Bill. 14 p. B. et TB.
165 — Autres. Tours, Angers, Poitiers, La Rochelle, Limoges,
     St Pourçain, Rouen. — Bill. 14 p. B. et TB.
166 — Autres. Lyon, 2 p. dont une avec la croix non cantonnée. —
     Bill. B.
167 — Autres. Bourges, Chinon, Loches, Orléans, Fontenay, Beau-
     caire, Pont St Esprit, Le Puy. — Bill. 17 p. B. et TB.
168 — Autres. Montpellier, Pamiers, St Lo, etc. — Bill. 7 p.
169 *Demi-florette* (ou florette de poids réduit (19). Paris, Bourges,
     Loches, Orléans, Fontenay, Poitiers, Guise, St Lo, Toulouse,
     Montpellier, Mirabel, Pont St Esprit. — Bill. 15 p. B.
170 *Blanc guénar* (22). Paris, Montpellier, Romans, Tours, Angers,
     La Rochelle, St Pourçain, Rouen, Tournai, St Quentin,
     Ste Menehould, Châlons, Bourges. — Bill. 29 p. En général,
     B. et TB.
171 — Autres. Crémieu, Mirabel, Toulouse, Poitiers, Limoges,
     St Pourçain, Mâcon, Dijon, Troyes, St Quentin, St Lo, Ville-
     neuve, Châlons, Lyon, Bourges. — Bill. 19 p. B. et TB.
172 Variété. Couronne au-dessus de l'écu (non décrit dans Hoff-
     mann). Point sous la 8e lettre. Poitiers. — Bill. B. Rare.
173 *Demi-guénar* (26). Paris, Montpellier, St Pourçain, Limoges,
     Loches, Toulouse, Rouen. — Bill. 10 p. La plupart B.
174 *Double tournois* (31, 34). *Denier tournois* (38, 39). *Parisis* (40).
     Obole (41). *Denier et patard* du Dauphiné (47, 48). — Bill. 24 p.
     La plupart B.
175 Gênes. *Genovino d'or.* + K : REX : FRANCOR. D : IANVE : A. Portail
     génois dans une rosace fleurdelisée. ℞. + CONRADV. REX :
     ROMANOR... Croix dans une rosace fleurdelisée (50). — Or. TB.
     Très rare.   *Pl. III.*
176 *Patacchina* (53). — Arg. 4 p. B. *Menut* (54). — Bill. — Ens. 5 p.

Henri V d'Angleterre (1415-1422)

177 *Florette* aux trois lis sous une couronne (6, 8). — Bill. 5 p. La
plupart B. et TB.
178 *Double tournois* et *denier tournois* (11, 12). — Bill. 6 p. AB.
et B.

Henri VI d'Angleterre (1422-1453)

179 *Salut d'or*. (Saint Suaire) HENRICVS. DEI. GRA. FRACORV Z AGLI.
REX. Ecus de France et d'Angleterre ; derrière, la Vierge
de 3/4 de face et l'ange de profil ; banderolle avec AVE. ℞. XPC',
etc. Dans une rosace, croix accostée d'un lis et d'un léopard ;
dessous, H (2). Dijon. — Or. TB. Rare. *Pl. IV.*
180 *Variété*, (couronne). HENRICVS :, etc. L'Ange de 3/4 de face (3).
Paris. — Or. TB.
181 — Autre. Racine au début des légendes. Le Mans. — Or. TB.
182 *Angelot d'or* (couronne) HENRICVS : FRANCORV : ET : ANGLIE :
REX. Ecus de France et d'Angleterre tenus par un ange. ℞.
XPC : , etc. Croix accostée d'un lis et d'un léopard (4). — Or.
TB. Rare. *Pl. IV.*
183 *Noble d'or*. ENRIC. DI. GRA. REX ANGL. FRANC. DNS. HYB (lis).
Le roi de face, dans une nef, tenant une épée et l'écu de
France et d'Angleterre. ℞. ✠ IHC. AVTEM. TRANSIENS. PER.
MEDIV. ILLORV. IBAT. Dans une rosace, croix cantonnée de
léopards couronnés. Au centre H. Or. TB. *Pl. IV.*

Monnaie anglaise.

184 *Blanc aux écus* (6). Paris, Sᵗ Lô, Rouen. — Bill. 10 p. B. et TB.
185 Autres. Nevers, Sᵗ Quentin, Auxerre, Amiens. — Bill. 5 p. Certaines B.
186 *Petit blanc* (7). *Double tournois* (10). *Parisis* (11, 12). *Tournois*
(13). *Maille* (15). — Bill. 8 p. AB. et B.
187 *Gros de Calais*. Buste de face dans une rosace ornée de trèfles. —
Arg. TB.

Charles VII (1422-1461)

188 *Ecu d'or vieux*. ✠ KAROLVS, etc. Ecu de France couronné.
℞. ✠ XPC, etc. Croix fleurdelisée dans une rosace fleurdelisée
cantonnée de couronnes (Hoffman *Charles VI* nᵒ 1). Toulouse.
— Or. TB. *Pl. IV.*

189 *Ecu d'or a la couronne.* ✠ KAROLVS ✿ DEI ✿ GRA ✿ FRANCORVM ✿
REX c. Ecu de France couronné accosté de deux lis couronnés.
℞. ✠ XPC, etc. Croix cantonnée de couronnes dans un quadri-
lobe (2). Chinon. — Or. TB.   *Pl. IV.*

190 Variété. (Couronne) KAROLVS, etc. Mêmes types (6). Montpellier. — Or. TB.

191 — Autre. (Lis) KAROLVS ; , etc. Tours. — Or. TB.

192 — Autre (couronne). KAROLVS, etc. La Rochelle. Or. — TB.

193 — Autre. Point sous la 19ᵉ lettre. Sᵗ Lô. — Or. B.

194 — Autre. (Agneau pascal). KAROLVS, etc. Amiens. — Or. TB.

195 *Ecu d'or au briquet* (frappé par le duc de Bourgogne). (Briquet).
✿ KAROLVS ✿ DEI ✿ GRA ✿ FRACORV ✿ REX. Ecu de France cou-
ronné accosté de deux lis couronnés. ℞. (Briquet) XPC, etc.
Croix cantonnée de quatre briquets dans un quadrilobe (4). —
Or. TB. Rare.   *Pl. IV.*

196 *Demi écu d'or.* ✠ KAROLVS (trèfle), etc. Ecu de France couronné. ℞. ✠ XPC ; , etc. Croix feuillue (7). Paris. — Or. TB.
                                                                     Pl. IV.

197 Variété. Couronne au début des légendes (8). Paris. — Or. TB.
                                                                     Pl. IV.

198 *Royal d'or.* ✠ KAROLVS. DEI. GRA. FRANCORV. REX. Le roi debout
tenant le sceptre et la main. ℞. ✠ XPC, etc. Croix feuillue dans
une rosace fleurdelisée cantonnée de couronnes (9). Angers. —
Or. TB.

199 — Autre, varié. Poitiers. — Or. TB.

200 — Autre, légende confuse par suite de surfrappe. — Or. TB.

201 Variété. En fin de légende, B. Bourges. — Or. Très beau.
                                                                     Pl. IV.

202 — Autre. C à la fin des légendes. Chinon. — Or. TB.

203 — Autre. O en fin de légende. Orléans. — Or. TB.

204 Variété. Le manteau du roi est vairé (10). Limoges. — Or. TB.
                                                                     Pl. IV.

205 *Grande plaque* (12). — Bill. B.

206 *Gros aux rondeaux.* Ecu couronné dans un entourage de lis.
℞. Croix entourée de douze couronnelles (14). — Arg. AB. Rare.

207 *Grand blanc dentillé.* Ecu couronné dans une rosace (15). Chinon. — Bill. B. Rare.

208 — Autre exemplaire, un peu moins beau. Montpellier.

209 *Grand blanc au K et demi blanc* (18, 19). — Bill. B p. B. et TB.

210 *Gros de roi*, dit de Jacques Cœur (21). Troyes, Lyon. — Arg.
2 p. B. et TB.

211 — Autre exemplaire et variété (22). — Arg. 2 p. B. et TB.

212 *Demi florette* (29). *Grand blanc à la couronnelle*, 2 pièces (31). —
Bill. 3 p. B. Rares.

213 *Grand blanc aux fl. de lis* (32) et *petit blanc* (43). *Florette* (35). —
Bill. 6 p. B. et TB.

214 *Grand blanc* (36). Crémieu, Montélimar, Montpellier, Toulouse,
Tours, Angers, Poitiers, La Rochelle, Limoges, Troyes, Tournai, St Quentin, Paris, St Lô, Châlons. — Bill. 21 p. B. et TB.

215 — Autres. Bourges, Chinon, Orléans, Lyon, Bordeaux. — Bill.
5 p. B.

216 — Autre. Trèfles en fin de légende. *Petit blanc* (38). Paris, Montpellier, Tours, Poitiers, St Quentin. — Bill. 8 p. La plupart B.

217 *Grand blanc aux trois fl. de lis* (39). Tours, Poitiers, La Rochelle,
Limoges, Orléans, Chinon, etc. — Bill. 8 p. B. et TB.

218 *Grand blanc au briquet* (40, 41, 42). — Bill. 3 p. B. Rares.

219 *Petit blanc* (44). *Double tournois* (46, 49). *Double tournois* et
tournois dentillé (47, 48). *Denier et maille tournois* (62, 65). —
Bill. 12 p AB et B.

220 *Petit dauphin* (69) et *patard du Dauphiné* (71). — Bill. 6 p. B.

Louis XI dauphin de France (1440-1456)

221 *Gros* d'argent et *petit blanc* de billon. — 2 p. B. et TB.

Louis XI (1461-1483)

222 *Ecu au soleil* (couronne) LVDOVICVS : DEI : GRA : FRANCOR : REX.
Ecu de France couronné surmonté d'un soleil. ℞. XPS :, etc.
Croix fleurdelisée (1). — Or. TB.   *Pl. IV.*

223 — Variété. Coquille entre deux annelets et points sous la 19ᵉ lettre. St Lô. — Or. TB.

224 *Demi écu d'or au soleil* (couronne) LVDOVICVS, etc. Même types
(2). Toulouse. — Or. B.   *Pl. IV.*

225 *Ecu d'or au soleil* (couronne) LVDOVICVS :, etc. Mêmes types, P sur
la croix du revers (3). Perpignan. — Or. Très beau. Rare.
          Pl. IV.

226 *Ecu à la couronne*. (Couronne) LVDOVICVS, etc. Ecu de France couronné entre deux lis couronnés. ℞. Croix cantonnée de couronnes dans une rosace (4). Montpellier. — Or. Très beau.

227 — Autre. Trèfle à la fin des légendes. Lyon. — Or. TB.

228 — Autre. Nef et étoile au début des légendes. Bordeaux. — Or.
TB.

229 *Demi écu d'or*. (Nef) LVDOVICVS. DEI (lis) GRACIA. FRANCOR. Écu de
France couronné. ℟. (Nef) XPS ; VINCIT (lis) XPS ; REGNAT. Croix
feuillue (5). Bordeaux. — Or. TB. Fêlé. *Pl. IV.*

230 *Écu à la couronne* (couronne) LVDOVICVS ..., etc. Écu de France
couronné entre deux lis couronnés. ⸱ sur la croix du revers (6).
Perpignan. — Or. TB. Rare. *Pl. IV.*

231 *Gros de roi* (12). — Arg. 2 p. B.

232 Variété (13). Perpignan. — Arg. B. Rare.

233 *Grand blanc à la couronne* (15). Montpellier, Toulouse, Tours,
Angers, La Rochelle, Paris, St-Lô, Châlons, Bordeaux, St-Quen-
tin. — Bill. 13 p. En général B.

234 Variété (18). Perpignan. *Petit blanc* (17, 20). *Grand blanc au
soleil* (22). Perpignan. — Bill. 6 p. La dernière B.

235 *Grand blanc au soleil* (19). Tours, Angers, La Rochelle, Lyon,
Troyes, Rouen, Toulouse, Tournai, St-Lô, Châlons. Bill
13 p. B.

236 *Grand blanc au soleil* pour le Dauphiné (24 et var.). Romans. —
Bill. 3 p. B. et TB.

237 *Petit parisis* (26). *Double tournois* (29, 41). *Denier* (33). *Hardi*
(34). *Liard* au dauphin (36). *Maille* (39, 40). — Bill. 28 p.

Charles VIII (1483-1497)

238 *Écu d'or au soleil*. (Couronne) KAROLVS : , etc. (tour). Écu de
France couronné surmonté d'un soleil. ℟. (couronne) XPS : ,
etc. (tour). Croix fleurdelisée (2). — Tours. Or. TB.

239 — Autre. (Lis) KAROLVS : DEI : , etc. Mêmes types. Poitiers. —
Or. TB.

240 — Autre. Point sous les 18ᵉˢ lettres. Paris. — Or. Très beau.
Pl. IV.

241 — Autre. Couronne au début des légendes. St Lô. — Or. B.

242 — Autre. Lis entre une étoile et une ancre. Bayonne. — Or. TB.

243 Variété. Couronne et, en fin de légende, B. Bourges. — Or.
Très beau. *Pl. IV.*

244 — Autre. Lis, nef et deux points au début des légendes. Bordeaux. — Or. TB.

245 *Écu d'or au soleil*. (Ancre) KAROLVS : , etc. Même type. ℟. (Ancre)
XPS : , etc. Croix fleurdelisée cantonnée d'un B et d'un A (manque à Hoffmann). Bayonne ? — Or. TB. Très rare. *Pl. IV.*

246 — Variété. La croix du revers est cantonnée d'un B et d'un croissant (4). Bordeaux. — Or. B. Rare.   *Pl. V.*

247 *Demi écu d'or au soleil.* (couronne) KAROLVS : , etc. Ecu de France
  couronné surmonté d'un soleil. ℞. (couronne) XPS : , etc. Croix
  fleurdelisée (5). Paris. — Or. Presque TB.   *Pl. V.*

248 *Ecu d'or au soleil pour la Bretagne.* KAROLVS : DEI : GRA : FRAN-
  CORVM : REX : R : Ecu de France couronné surmonté d'un soleil
  et accosté de deux hermines couronnées. ℞. XPS : , etc. Croix
  fleurdelisée cantonnée d'hermines couronnées (7). Rennes. —
  Or. TB.

249 *Ecu d'or au soleil pour le Dauphiné.* (Dauphin) KAROLVS : DEI :
  GRA : FRACORVM : REX : C :. Champ écartelé de France Dauphiné.
  ℞. (couronne) XPS : , etc. Croix fleurdelisée (8). Crémieu. —
  Or. TB.   *Pl. V.*

250 *Gros de roi* (10). Tournai. — Arg. B.

251 *Douzain* (11). Montpellier, Toulouse, Tours, Angers, Poitiers,
  Limoges, Lyon, Rouen, Tournai, Paris, Châlons. — Bill.
  17 p. B. et TB.

252 — Autres, Bourges, Bordeaux, Tarascon, Montélimar. — Bill.
  5 p. B.

253 *Petit blanc* (12). *Douzain de Bretagne* (13). *Blanc et petit blanc
  au soleil* (17, 18). — Bill. 9 p. La plupart B.

254 *Carolus* (19). Montpellier, La Rochelle, Troyes, Rouen, St-Lô,
  Châlons. *Petit carolus* (21). — Bill. 8 p. AB. et B.

255 *Carolus et douzain du Dauphiné* (22, 24). *Carolus de Bretagne*
  (23). — Bill. 5 p. AB. et B.

256 *Double et denier tournois* (28, 29, 30, 32). *Petit parisis* (35).
  Hardi (37, 38). — Bill. 15 p.

257 *Liard* (39, 40, 41) et *double tournois* au dauphin. — Bill. 10 p.

258 Pise. *Gros.* + KAROLVS REX : PISANORVM : LIB. Ecu de France
  accosté de K-L. ℞. PROTEGE. VIRGO : PISAS. La Vierge assise (48).
  — Arg. B. Troué. Rare.   *Pl. V.*

259 — Autre exemplaire, coin varié. — Arg. B. Rare.

260 *Denier* au grand P (49). — Bill. 2 p. dont une B. Rares.

261 **Naples.** *Cavallo* (58, 59). **Aquila** *Cavallo* (63, 64, 66). **Sulmona.**
  Cavallo (68). **Chieti.** *Cavallo* (74, 78). — Cuivre. 14 p. En
  général B.

—18—

Louis XII (1497-1515)

262 *Ecu d'or au soleil.* (Lis couronné) LVDOVICVS : DEI : GRACIA : FRAN-
CORV : REX (tour). Ecu de France couronné surmonté d'un
soleil. ℞. XPS :, etc. Croix fleurdelisée (1). Tours. — Or. TB.

263 — Autre. Même type. La Rochelle. — Or. TB.

264 — Autre. Point sous les 11es lettres; s à la fin des légendes.
St Pourçain. — Or. TB.

265 — Autre. Point sous les 12es lettres et trefle. Lyon. — Or. TB.

266 — Autre. Point sous les 20es lettres et coquilles. Villeneuve
St André. — Or. TB.

267 — Autre. En fin de légende, B. — Or. TB.   *Pl. V.*

268 *Demi écu d'or au soleil.* Mêmes types. En fin de légendes, nef
(2). Bordeaux. — Or. TB. Rare.   *Pl. V.*

269 *Ecu d'or au soleil pour la Provence.* (Lis couronné) LVDOVICVS :
XII : D : G : F : REX : PVIE : COMES : A. Ecu de France couronné
surmonté d'un soleil. ℞. Même type avec A en fin de légende
(3). — Or. Presque TB.   *Pl. V.*

270 *Ecu d'or au soleil pour la Bretagne.* (Hermine et étoile)
LVDOVICVS : D : G : FRANCOR : REX : BRITON : DVX : Ecu de France
couronné surmonté d'un soleil, entre deux hermines cou-
ronnées. ℞. (Hermine) DEVS : ADIVTORIVM : MEVM : INTENDE : N :
Croix fleurdelisée cantonnée d'hermines couronnées (4).
Nantes. — Or. TB.   *Pl. V.*

271 *Ecu d'or aux porcs-épics.* + LVDOVICVS : DEI : GRACIA : FRANCORVM :
REX (trefle). Ecu de France couronné accosté de deux porcs-
épics. ℞. + XPS :, etc. Croix cantonnée de deux L et de deux
porcs-épics (6). Lyon. Or. TB.

272 *Ecu d'or au porc-épic pour la Bretagne.* LVDOVICVS. D. G. FRANCOR
REX BRITONV. DVX. Ecu de France couronné accosté de deux
hermines couronnées; au-dessous, un porc-épic. ℞. DEVS : IN :
ADIVTORIVM MEVM INTENDE. N. Croix fleurdelisée cantonnée
d'hermines couronnées (9). Nantes. Or. TB.

273 *Ecu d'or au porc-épic pour le Dauphiné.* + LVDOVICVS : DEI : GRA :
FRANCORVM : REX : ℞. Ecu écartelé de France Dauphiné accosté
de deux porcs-épics. ℞. + XPS :, etc. Croix cantonnée de
deux L et de deux dauphins (11). — Or. TB. mais de frappe un
peu défectueuse. Rare.   *Pl. V.*

274 *Ecu d'or aux porcs-épics dit d'Anne de Bretagne.* ∗ LVDOVICVS : D : GR : FRANCOR : REX BRITON DVX : Ecu couronné accosté de deux porcs-épics, ℞. ∗ DEVS : IN ADIVTORIVM. MEVM. INTENDE : N :. Croix fleurdelisée accostée de deux hermines et de deux A couronnés (15). Nantes. — Or. TB. Très rare.   *Pl. V.*

275 *Ecu d'or au soleil pour le Dauphiné.* (Lis couronné) LVDOVICVS : DEI : GRACIA. FRANCORVM : REX, K. Champ écartelé de France Dauphiné ; en haut, un soleil. ℞. (Lis couronné XPS :, etc. Croix fleurdelisée (H. —). Montélimar. — Or. TB.   *Pl. V.*

276 *Teston.* + LVDOVICVS : DEI : GRA : FRANCORVM : REX : (trèfle) :. Buste à dr. ℞. + XPS :, etc. Ecu de France dans une rosace (17). Lyon. — Arg. B. Rare.   *Pl. V.*

277 Variété. En fin de légende : 1z et tour. Point sous la 6ᵉ lettre. Tours. — Arg. B. Rare.   *Pl. V.*

278 *Demi gros de roi* (25). Toulouse, Lyon, Rouen. — Bill. 3 p. AB. et B.

279 *Douzain* (26), Sᵗ-Pourçain, Lyon, Dijon, Sᵗ-Lô, Sᵗ-André de V. *Douzain de Bretagne* (28). *Sizain* (27). Bill. 11 p. La plupart B.

280 *Douzain de Provence* (29, 30, 31). Aix et Tarascon. — Bill. 4 p. B.

281 *Douzain du Dauphiné* (32). Crémieu, Romans, Montélimar, Grenoble. *Douzain au porc-épic pour le Dauphiné* (35). — Bill. 6 p. B.

282 *Douzain au porc-épic* (33). Lyon, Châlons. — Bill. 3 p. AB. et B.

283 *Douzain au porc-épic pour la Bretagne* (36, 37). — Bill. 3 p. B.

284 *Dizain a l'L* (39). *Double tournois* (41, 42). *Denier tournois* (45). *Liard. Hardi* (49). *Denier à l'Hermine* (51). — Bill. 20 p.

285 **Asti.** *Cavallo.* + LV, D. G. FRAN REX MLI. D. AC. AST. DNS. Ecu de France. ℞. SANT. SECOND. ASTENSIS (étoile). Le Saint à cheval (57). — Arg. B. Rare.   *Pl. V.*

286 *Parpaillole.* Ecu de France aux quatre quartiers (69). — Bill. B. Rare.

287 **Naples.** *Ducat d'or.* LVDO. FRAN. REGNI. Q. NEAP. R Buste couronné de Louis XII. ℞. + PERDAM : BABILLONIS NOMEN. Ecu de France couronné 76). — Or. B. Très rare.   *Pl. V.*

Vente Guilhou, 1905, nᵒ 242.

288 *Carlin.* Le roi assis de face. ℞. Croix recroisettée et fleurdelisée (77). — Arg. B. Rare.

289 **Aquila.** *Sestino* (78). — Cuivre. 2 p. B.

290 **Milan**. *Double ducat d'or.* + LVDOVIC', DG. FRANCOR'. REX. Buste de
Louis XII à dr. avec le chaperon fleurdelisé. ℞ MEDIOLANI. DVX.
S‍t Ambroise à cheval (81). — Or. Presque TB. Rare.   *Pl. V.*

Vente Meyer, 1902, n° 850.

291 *Teston*. Même type (87). — Arg. TB. Rare.   *Pl. V.*

292 *Ducaton* (88). — Arg. Coulé.

293 *Gros*. Ecu de France. ℞. S‍t Ambroise assis (92). — Arg. B.

294 — Autre exemplaire de coin varié. — Arg. B.

295 *Bisonne*. Guivre entre deux lis. ℞. Pallium sous une couronne
(93). — Arg. TB.

296 — Autre et variété, écu de France (94). — Arg. 3 p. B.

297 *Demi parpaillole* (95, 96, 97, 98, 99). *Patard* et *demi patard*
(100, 102). — Bill. 10 p. B. et TB. Rares.

298 **Gênes**. *Ecu d'or*. + LVD : DEI : GRACIA : FRANCOR REX : Z : IANVE : D :
Ecu couronné surmonté d'un soleil. ℞. + : XPS :, etc. Croix
fleurdelisée (104). — Or. TB. Rare.   *Pl. V.*

299 *Teston*. LVDOVIC'. REX. F. ETC'S. IA. D. Portail génois. ℞. + CORAD
REX ROMANOR SB. Croix dans une rosace (107). — Arg. TB.
Rare.   *Pl. VI.*

300 *Quart de Teston*. Même type (109). — Arg. B. Rare.   *Pl. VI.*

301 *Teston*. + LVDOVIC' : XII, etc. Ecu de France. ℞. + .COMVNITAS .
IANVE . IC. Entre deux étoiles, portail surmonté d'une croix
(115). — Arg. TB. Rare.   *Pl. VI.*

302 *Quart de teston*. Même type (117). — Arg. TB. Rare.   *Pl. VI.*

303 *Teston*. Même type. ℞. Croix à gauche du portail (118). — Arg.
B. Rare.   *Pl. VI.*

François I (1515-1547)

304 *Ecu d'or au soleil*. + FRANCISCVS ✶ DEI : GRA : FRANCORVM : REX
(trefle). Ecu d'or couronné surmonté d'un soleil. ℞. + XPS ✶,
etc. Croix fleurdelisée (1). Lyon. — Or. TB.   *Pl. VI.*

305 Variété. Même type. ℞. + XPS :, etc. Croix fleurdelisée cantonnée de deux F couronnés (2). Lyon. — Or. TB.

306 — Autre. Point sous les 18ᵉˢ lettres. Paris. — Or. Très beau.
   Pl. VI.

307 Variété. La croix du revers cantonnée de deux F et deux lis (4).
Lyon. — Or. TB.

308 — Autre. Point sous les 11ᵉˢ lettres et : en fin de légende. Mont-
ferrand. — Or. TB.

309 — Autre. V accosté de deux points en fin de légende. Villefranche de Rouergue. — Or. TB.

310 — Autre. Ancre au début des légendes. Bayonne. — Or. B.

311 — Autre. Ancre au début des légendes et B sous le second C de
FRANCISCVS. Bayonne. — Or. TB.

312 *Demi écu d'or au soleil.* (Trèfle) FRANCIS DEI : G ; FRANCORVM : REX
G : C : Ecu couronné. ℞. (Trèfle) XPS : VINCIT, etc. Croix fleur-
delisée cantonnée de deux lis et de deux F (5). Toulouse. — Or.
TB. Rare.   *Pl. VI.*

313 *Ecu d'or au soleil.* + FRANCISCVS : DEI : GRACIA : FRANCORV : REX :
Ecu de France couronné accosté de deux lis. ℞. + XPS , etc.
Croix fleurdelisée cantonnée de deux F couronnés et de deux
couronnes (7). Paris. — Or. B. Rare.   *Pl. VI.*

314 Variété. L'écu est accosté d'un G et d'un lis. ℞. La croix est cantonnée de deux F couronnés et de deux lis (8). — Or. TB. Rare.
                                                              Pl. VI.

Vente Morel, 1905, N° 76.

315 Variété. L'écu est accosté d'un lis et d'un G (9). — Or. TB. Rare.
                                                              Pl. VI.

316 Variété. L'écu est accosté d'un lis et de G C (10). — Or. TB. Rare.
                                                              Pl. VI.

317 Variété. Coquille en fin de légende. Ecu de France couronné
surmonté d'un soleil. ℞. Semblable au précédent (manque à
Hoffmann). — Or. Très beau. Rare.   *Pl. VI.*

318 Variété. D : (ancre) FRANCISCVS : D : G : FRANCORV : REX. Ecu couronné surmonté d'un soleil; dessous L. ℞. + : (ancre) XPS : ,
etc. Croix fleurdelisée cantonnée de deux F et de deux lis.
Bayonne. — Or. TB.

319 *Ecu d'or à la croisette.* FRANCISCVS : D : GRA, etc. Ecu de France
couronné surmonté d'un soleil, dessous, D. ℞. + XPS : , etc.
Croisette dans une rosace (12). Lyon. — Or. TB.

320 — Autre. G et ancre au début des légendes et L à la pointe de
l'écu. Bayonne. — Or. Très beau.   *Pl. VI.*

321 — Autre. lettre B. Rouen. — Or. B.

322 *Demi écu d'or à la croisette.* FRANCISCVS DEI G. FRANCORVM. R
(coquille). Mêmes types (13). Toulouse. — Or. TB. Rare.
                                                              Pl. VI.

323 *Ecu d'or du Dauphiné.* + FRANCISCVS. DEI. GRA. FRACOR. R D × G.
Champ écartelé de France Dauphiné ; au-dessus, soleil. ℞.
+ XPS., etc. Croix fleurdelisée cantonnée d'un lis et d'un dau-
phin (18). — Or. TB. Rare.   *Pl. VI.*

324 Variété. En fin de légende R couronné. ℞. Croix fleurdelisée (19). Romans. — Or. TB.

325 — Autre. Couronne et trèfle. Crémieu. — Or. B.

326 — Autre exemplaire de coin varié. — Or. B.

327 Variété. La croix fleurdelisée cantonnée de deux F couronnés (20). — Or. Presque TB.

328 Variété. La croix cantonnée de deux couronnes (21). Romans. — Or. TB.

329 — Autre. Crémieu. — Or. B.

330 Variété. Rose et R en fin de légende. Croix cantonnée d'un F couronné et d'un dauphin (22). — Or. TB.

331 Variété. PL et R en fin de légende. La croix cantonnée de deux dauphins (23). Romans. — Or. TB.

332 *Ecu d'or de Bretagne.* FRANCISCVS : , etc. Ecu couronné, surmonté d'un soleil, accosté d'un F et d'une hermine couronnées. ℞. (Hermine) : DEVS : , etc. Croix fleurdelisée cantonnée de deux F et de deux hermines couronnées (25). Nantes. — Or. TB.

333 — Autre exemplaire moins beau. Rennes.

334 *Ecu d'or à la Salamandre.* (Trèfle) FRANCISCVS : , etc. Ecu couronné surmonté d'un soleil et accosté de deux salamandres couronnées ; en pointe M. ℞. (Trèfle) XPS : , etc. Croix fleurdelisée cantonnée de deux salamandres couronnées (26). Toulouse. — Or. Très beau et rare. *Pl. VI.*

335 Variété. Les salamandres ne sont pas couronnées. La croix est cantonnée de deux F et de deux salamandres (27). La Rochelle. — Or. TB. Rare. *Pl. VI.*

336 *Teston.* ✝ FRANCISCVS : DEI : GRA : FRANCORVM : REX : (trèfle). Buste à dr. ℞. (couronne) NO : NOBIS : DNE : SED : NO : TVO : DA : GLORIA : (trèfle). Ecu de France accosté de deux F couronnés (42). Lyon. — Arg. TB.

337 Variétés, même type. — Arg. 3 p. AB. et B.

338 *Demi-teston.* Même type (43). Lyon. — Arg. TB.

339 — Deux autres exemplaires. — Arg. B.

340 *Teston.* Même type varié. En fin de lég. coquille et rose. ℞. En fin de lég. 1. — Arg. B.

341 *Teston de Bretagne.* Ecu de France accosté de deux hermines couronnées (45). — Arg. B.

342 *Demi-teston de Bretagne.* Même type (46). — Arg. B. Rare. *Pl. VII.*

343 *Teston*. Ecu de France accosté de deux ν couronnés (comparer
η. 51). St-André de Villeneuve. — Arg. AB.

344 *Teston du Dauphiné*. ΝΟ : ΝΟΒΙΣ : etc. Champ écartelé de France-
Dauphiné (52). Crémieu, Romans. — Arg. 2 p. B.

345 Variété avec + . SIT. ΝΟΜΕΝ, etc. Romans. — Arg. TB.

346 — Deux autres exemplaires. — Arg. B. et TB.

347 Variété. Ecu écartelé de France-Dauphiné (56). — Arg. 2 p.
variées. B.

348 *Demi-teston du Dauphiné*. Même type (57). Grenoble. — Arg.
TB. Rare.

349 *Teston du Dauphiné*. Dauphin au dessus de l'écu (56 var.). Grenoble. — Arg. TB.

350 *Teston et demi-teston*. Ecu dans une rosace (59, 62). Paris. Toulouse. — Arg. 2 p. B.

351 *Teston et demi teston*. Même type varié (63, 65). Tours. — Arg.
2 p. B.

352 *Demi teston* (65). Rouen. *Teston*. Sous le buste, Λ (64). Paris. —
Arg. 3 p.

353 — Autre exemplaire (64). Paris. — Arg. TB.

354 *Teston*. Même type ; sous l'écu, Ι (66). Limoges. *Demi teston*.
Sous l'écu, Ε. Tours. — Arg. 2 p. AB et B.

355 *Teston*. Buste barbu. ℞. Même type (77). Angers. — Arg. B.
Rare.   *Pl. VII.*

356 *Demi teston*. Même type (78). Angers. — Arg. B. Rare.
                                                         Pl. VII.

357 *Teston de Bretagne*. Buste barbu. ℞. Ecu accosté de deux
hermines couronnées (71). Rennes. — Arg. B.

358 *Demi teston de Bretagne*. Même type (72). Rennes. — Arg. TB.
Rare.   *Pl. VII.*

359 Variété. L'écu dans une rosace (voir η. 73). — Arg. AB.

360 *Teston de Bretagne*. Ecu accosté d'un F et d'une hermine couronnés (74). — Arg. B. Rare.   *Pl. VII.*

361 *Teston*. Buste barbu, couronné. ℞. Ecu dans une rosace (79).
Paris. — Arg. AB.

362 Variété. Buste radié (81). Lyon. — Arg. TB.

363 — Autre exemplaire, varié. — Arg. B.

364 Variété (83). Toulouse. — Arg. B.

365 *Demi teston*. Même type (82). Lyon. — Arg. TB.   *Pl. VII.*

366 *Teston*. Buste barbu, radié, la tête penchée (84). Tours. — Arg.
B. Rare.

367 *Demi teston*. Même type (85). Tours. — Arg. B. Rare.

368 *Teston*. Buste barbu, couronné. ℞. Ecu accosté de deux F (88).
     Rouen. — Arg. B.

369 — Autre exemplaire moins beau.

370 Variété (89). Rouen. — Arg. TB.   *Pl. VII.*

371 *Demi teston*. Même type (90). Rouen. — Arg. B.

372 *Douzain*. (92). St Pourçain, Villeneuve, Marseille. — Bill. 9 p. B.

373 Variété. L'écu accosté de deux F (95). Villefranche. — Bill. B.
     Rare.

374 *Douzain de Bretagne* (97). Nantes, Rennes. *Douzain du Dauphiné*
     (99. 100). Crémieu, Romans, Montélimar. — Bill. 9 p. B.

375 *Dizain Franciscus*. (101). Toulouse, Bayonne, Rouen, Ville-
     franche. — Bill. 6 p. AB. et B.

376 *Douzain à la salamandre*. (104. 105). Paris, Poitiers, Toulouse.
     — Bill. 4 p. B.

377 *Douzain à la croisette*. (108). Paris, Rouen, Lyon, Tours,
     Angers, Poitiers, Bordeaux, Toulouse, St André de V. — Bill.
     14 p. En général. B.

378 — Autres. Turin, Marseille, Chambéry, Bretagne. — Bill. 5 p.
     B. et TB.

379 *Douzain à la croisette, pour le Dauphiné*. (109). — Bill. 6 p.
     B. et TB.

380 *Double tournois*. (110, 111, 112, 114). *Patard*. (113). *Denier
     tournois* (115, 117, 121, 123). *Liard*. (124, 125, 127). *Hardi*.
     (129). — Bill. 43 p.

381 Milan. *Ecu d'or*. (Tête de St Ambroise). FRANCISCVS : D. G. FRAN-
     COR : REX : DVX : M : Ecu de France couronné surmonté d'un
     soleil. ℞. (Guivre) XPS :, etc. Croix fleurdelisée (132). — Or.
     TB. Rare.   *Pl. VII.*

382 *Teston*. FR'. D. G. FRANCOR, R. St Ambroise assis de face. ℞. MEDIO-
     LANI. DVX. ET. C. Ecu écartelé de France-Milanais (135). —
     Arg. TB. Rare.   *Pl. VII.*

383 *Gros*. ✠ FRANCISC, D. G. FRANCOR. REX. Salamandre couronnée.
     ℞. MEDIOLANI. DVX. Z. C. St Ambroise assis de face (136). — Arg.
     B. Rare.   *Pl. VII.*

384 *Demi-gros*. ✠ FRANCIS. D. G. FRANCO. REX. Salamandre couronnée.
     ℞. MEDIOLANI. DVX. ET, CE. F couronné (136). — Arg. TB. Rare.
                                                      Pl. VII.

385 *Trillina* (138) et *denier* (139). — Bill. 4 p. B. et TB. La dernière,
     rare.

386 **Gênes**. *Demi teston*. + FRANCISC. DEI. GRACIA. FRA. REX. Portail accosté d'un ʏ couronné et d'un lis. ℞. + CONRADVS. REX. ROMANOR. PA. Croix (150). — Arg. B. Rare. *Pl. VII.*

387 *Demi teston*. La croix dans une rosace (151). — Arg. AB. Rare.

388 Variété. La croix dans un cercle (153). Arg. B. Rare.

Henri II (1547-1559)

389 *Henri d'or*. + HENRICVS. 2. DEI. GRACIA. FR. REX. Buste couronné à dr. ℞. (Soleil) XPS. VINCIT. XPS. REGNAT. XPS. IM. L. 1549 (ancre). Ecu couronné accosté de deux H couronnés; en pointe L (6). Bayonne. — Or. TB. Très rare. *Pl. VII.*

390 *Double Henri d'or*. HENRICVS. II. D. G. FRAN. REX. Buste portant une cuirasse damasquinée. ℞. (Soleil) DVM. TOTVM. COMPLEAT. ORBEM. 1552. Croix de quatre H couronnés cantonnée de deux lis et de deux croissants; au centre A (23). Paris. Or. TB. Rare. *Pl. VII.*

391 Variété. Mêmes lég. et type mais la cuirasse n'est pas damasquinée (26). Rouen, 1557. — Or. TB. Rare. *Pl. VII.*

392 *Henri d'or*. Lég. et types du précédent (27). Rouen, 1551. — Or. TB. Rare. *Pl. VII.*

393 *Demi Henri d'or*. Mêmes lég. et types, 1551; (voir H. 25). Nantes. — Or. TB. Rare. *Pl. VII.*

394 — Autre. 1557, Rouen. — Or. TB. *Pl. VII.*

395 *Double Henri d'or*. Buste lauré et cuirassé. ℞. Semblable aux précédents (voir H. 22). Rouen, 1559. — Or. TB. Rare. *Pl. VIII.*

396 *Teston*. + HENRICVS. 2. DEI, etc. Buste couronné à dr. ℞. + XPS, etc. Ecu accosté de deux H couronnés (32). Lyon. — Arg. TB.

397 — Autre. 1554, Riom. *Demi teston*. Même type (34). Bayonne. — Arg. 2 p. B.

398 *Teston au moulin*. Buste lauré à dr. ℞. Ecu de France (40). Paris, 1554. — Arg. TB.

399 *Teston au croissant*. HENRICVS II D. G. FRANCOR. REX. Buste lauré à dr. ℞. + DVM TOTVM COMPLEAT ORBEM. Croissant couronné (46). Paris. — Arg. B. Très rare. *Pl. VIII.*

400 *Teston au moulin*. Tête laurée à dr. ℞. + CHRS. etc. Ecu de France (52). Paris. — Arg. TB.

401 Variété. Buste lauré, cuirassé (57). Paris. — Arg. TB.

402 *Demi teston au moulin*. Même type (58). Paris. — Arg. TB.

403 *Teston et demi teston*. Buste nu cuirassé. ℞. Ecu de France accosté de deux H couronnés (35, 37). Paris. — Arg. 2 p. B.

404 *Teston*. Même type. Rouen, Lyon, Angers, Poitiers. — Arg. 4 p. B. et TB.

405 — Autres. La Rochelle, Limoges, Bordeaux, Bayonne, Nantes. — Arg. 8 p. B. et TB.

406 *Demi teston*. Même type. Poitiers, Bordeaux, Bayonne. *Teston*. Même type, grosse tête. Bayonne. — Arg. 4 p. AB. et B.

407 *Teston et demi teston*. Buste varié (65, 66). Toulouse, Montpellier, St Lô, Limoges. — Arg. 9 p. B. et TB.

408 *Teston*. Même type. Aix. 1555. — Arg. B.

409 *Teston du Dauphiné*. Buste cuirassé à dr. ℞. Ecu écartelé (60). Grenoble, 1557. — Arg. B.

410 *Gros et demi gros de Nesle* (70, 72) Paris. — Bill. 5 p. B.

411 *Douzain à la croisette* (73). Bordeaux. — Bill. B. Rare.

412 *Douzain aux croissants* (74). Paris, Rouen, St Lô, Lyon, Tours, Angers, Poitiers, La Rochelle, Limoges, Bordeaux, Bayonne, Toulouse, Nantes, Montpellier, Moulins, Dijon, St André de V., Troyes, Villefranche, Bourges, Romans, Grenoble, Rennes, Aix, Montélimar, Crémieu, Chambéry, Caen, etc — Bill. 60 p. En général, B.

413 *Douzain aux H*. (80). Paris. — Bill. B. Rare.

414 *Douzain du Dauphiné* (79). *Liard* (82). *Denier* (86). — Bill. 4 p. AB. et B.

415 **Sienne**. *Ecu d'or*. HENRICO. II. AVSPICE. Ecu ovale portant LIBERTAS. ℞. (Lis). R. P. SEN, IN MONTE. ILICINO. La Louve et les jumeaux; dessous A dans un cercle et 1556 (91). — Or. TB. Très rare.

Pl. VIII.

416 *Giulio*. R. P. SEN. IN. M. ILICINO. HENRICO. II. AVSP. La louve, 1556, A. ℞. TVO. CONFISI PRAESIDIO. La Vierge (94). — Arg. TB. Rare.

Pl. VIII.

François II (1559-1560)

417 *Testons* au buste cuirassé d'Henri II, mais datés 1559, 1560 ou 1561. — Arg. 8 p.

418 — Autres. Buste lauré, 1560, 1561. — Arg. 3 p. AB. et B.

419 *Demi teston*, 1559, 1560. Lyon, Bayonne, Toulouse. *Teston du Dauphiné*, 1560, 1561. — Arg. 5 p. B.

420 *Gros d'Ecosse.* + FRAN. ET. MA. D. G. R. R. FRANCO. SCOTOR. Ecu
de France et d'Ecosse accosté de + — ✕. ℞. + VICIT. LEO. DE.
TRIBV. IVDA. 1560. Dans le champ. FM liés et couronnés, accosiés
d'une fleur de lis et d'un chardon couronnés (3). — Arg. TB.

421 *Demi gros.* Même type (4). — Arg. TB.

422 *Quart de gros.* + FRAN., etc. Monogramme accosté d'un dauphin et d'un chardon couronnés. ℞. IAM. NON. SVNT. DVO. SED.
VNA. CARO. 1559. — Arg. B.

423 — Autre exemplaire. Arg. *Liard.* Monogr. accosté de dauphins.
℞. Lion. Bill. — Ens. 2 p. B.

424 *Gros d'Ecosse.* Ecu mi parti posé sur une croix de Lorraine.
℞. Le monogramme est accosté de deux croix de Lorraine.
1558. — Arg. TB.

Charles IX (1560-1574)

425 *Ecu d'or au soleil.* CAROLVS VIIII D G FRANC. REX MDLXX. Ecu couronné surmonté d'un soleil. ℞. (Soleil) CHRISTVS REGNAT VINCIT
ET IMPERAT. Croix fleurdelisée (voir H. 1 et 2). Paris. — Or. TB.

426 — Autre. Rouen, 1569. — Or. B.

427 — Autre. La Rochelle, 1570. — Or. B.

428 — Autre. Rennes, 1565. — Or. TB.

429 — Autre. Limoges, 1565. — Or. B.

430 Variété. CAROLVS. IX. DEI. G. FRANCOR. REX. Même type. ℞. + XPS.,
etc. 1567 (1). Poitiers. — Or. TB.

431 Variété. CAROLVS. IX, etc. ℞. + CRISTVS, etc. Limoges, 1566. —
Or. TB.

432 — Autre variété. La Rochelle, 1570. — Or. TB.

433 *Demi écu d'or au soleil.* (Soleil). CAROLVS. VIIII. D. G. FRANCO. REX.
MDLXI. Ecu couronné surmonté d'un soleil. ℞. + CHRISTVS, etc.
Croix fleurdelisée (2). Rouen. — Or. TB. Rare.   *Pl. VIII.*

434 *Ecu d'or du Dauphiné.* (Soleil) CAROLVS. 9. DEI. G. FRANCOR. REX.
Ecu écartelé, couronné de France Dauphiné surmonté d'un
soleil. ℞. + XPS, etc. 1567 (4). Grenoble. Or. TB. Rare.
Pl. VIII.

435 *Teston.* CAROLVS. VIIII. D. G. FRANC. REX. Buste lauré cuirassé à
g. ℞. SIT., etc. Ecu couronné, accosté de deux c couronnés
(10). Paris, St Lô, Tours, Angers, La Rochelle, Bordeaux. —
— Arg. 8 p. B.

436 — Autres. Toulouse, Montpellier, Nantes, Rennes. — Arg. 8 p.
B. et TB.

437 *Demi teston*. Même type (13). Paris, St Lô, La Rochelle, Bordeaux, Toulouse, Montpellier, Aix, Rennes. — Arg. 11 p. Certaines, B.

438 *Teston*. Même type varié. Cuirasse damasquinée. Autres, avec CAROLVS IX, etc. Poitiers, Angers. *Demi teston*. Même type. Poitiers. — Arg. 6 p.

439 *Teston* et *demi teston* avec KAROLVS. 9., etc. et l'écu accosté de deux K couronnés (15, 16). Bayonne. — Arg. 6 p. En général, B.

440 *Teston*. CAROLVS. VIIII., etc. Buste lauré cuirassé à dr. ℞. SIT., etc. Ecu couronné (18). *Demi teston*. Même type (19). Lyon, Limoges. — Arg. 7 p. B. et TB.

441 *Teston*. Buste barbu à g. ℞. Ecu accosté de deux c couronnés (25 et var.). Toulouse, Rouen. — Arg. 2 p. B.

442 *Teston Morveux*. CAROLVS. IX. D. G. FRANCO. REX. Buste lauré à dr. Dessous, A o liés. ℞. SIT., etc. M. D. LXII. Ecu accosté de deux c couronnés (20). Fr. à Orléans par les Huguenots. — Arg. B. Rare.

443 *Demi teston*. Même type (21). Autre. Buste fraisé (29). Rouen. *Teston du Dauphiné* (17). — Arg. 3 p. AB. et B. Les deux premières rares.

444 *Double sol parisis* (31). Limoges, Lyon, Bordeaux, Toulouse, Montpellier. — Bill. 15 p.

445 *Sol parisis* (43). Lyon, Angers, Poitiers, Toulouse, Troyes, St André de V., Aix. *Sol parisis du Dauphiné* (44). — Bill. 10 p.

446 *Douzain*. Ecu de France. ℞. Croix fleurdelisée (37). Paris, 1572. Bill. B. Rare.

447 Variété, écu accosté de deux c ou de deux c couronnés (34, 35). Paris, Poitiers, Dijon. *Douzain du Dauphiné* (36). *Denier* (48). *Liard* (55, 57). — Bill. 10 p. B.

448 *Essai d'argent du double tournois*. ✠ CAROLVS. VIIII. D. G. FRAN. REX. Deux fleurs de lis dans un trilobe. ℞. SIT, etc. Croix dans un quadrilobe (38). Lyon. — Arg. TB. Rare.

Henri III (1574-1589)

449 *Ecu d'or aux H couronnées*. HENRICVS. III. D. G. FRAN. ET. POL. REX (ancre). Croix fleurdelisée (2). ℞. (Soleil) SIT NOMEN. DNI. BENEDICTVM. 1578. Ecu couronné, surmonté d'un soleil, accosté de deux H. couronnées. Bayonne. — Or. B. Rare. *Pl. VIII*.

450 *Ecu d'or au soleil.* HENRICVS. III, etc. Ecu couronné. ℞ + CHRISTVS, etc. Croix fleurdelisée (4). Toulouse, 1579. — Or. TB.

451 Variété (6). Rouen, 1589. — Or. TB.

452 *Teston.* HENRICVS. III. D. G. FRANCOR. REX. Buste à dr. avec fraise. ℞ + SIT, etc. Ecu accosté de deux H couronnés (7). Bordeaux, 1575. — Arg. B.

453 Variété. HENRICVS. III. D. G. FRA. ET. POL. REX. Même type (9). Poitiers, 1576. — Arg. Très beau.

454 — Autres (8, 9). Même type. Paris, Rouen, Angers, Poitiers, Limoges, Bayonne, Toulouse. — *Demi teston* (10). Rouen, Poitiers. — Arg. 11 p. La plupart B.

455 *Teston et demi-teston.* Buste avec col rabattu (11). Rouen, Angers, La Rochelle, Rennes. — Variété avec petite fraise, Nantes. — Ens. 7 p. Arg. B.

456 *Piéfort du franc.* HENRICVS. III. D. G. FRANCOR. ET. POL. REX. Buste lauré, cuirassé à dr. avec col rabattu; dessous, 1577. ℞ SIT., etc. Croix feuillue (16) — Arg. B. Rare. *Pl. VIII.*

457 *Franc.* Même type (22). Bordeaux, Bayonne. — Arg. 2 p. B.

458 Variété. Sous le buste, A, C, E, F, M OU T (20). — Arg. 6 p. B.

459 Variété. Dans la légende, B, G, O, X P OU D. — Arg. 7 p. B.

460 *Demi franc.* Même type. Date sous le buste (23). Bordeaux. — Arg. 4 p. B.

461 Variété. Sous le buste B, C, I, M, O, Q, S OU X. — Arg. 12 p. La plupart B.

462 Variété. Dans la légende, D, G, H, P. — Arg. 6 p. AB et B.

463 *Quart de franc.* Sous le buste, A, C, I, M, O, S, ou X; dans la lég., H. — Arg. 12 p. La plupart B.

464 *Franc; demi et quart de franc.* Buste fraisé (25, 26, 27 et var.). Paris, Rouen, Tours, Angers, Poitiers, La Rochelle, Toulouse. — Arg. 10 p. La plupart, B.

465 *Quart et huitième d'écu* (29, 31). Paris, Poitiers, Toulouse. — Arg. 6 p. B. et TB.

466 — Autres. C, F, H, L, Q ou T. — Arg. 13 p. AB. et B.

467 *Quart d'écu de St Quentin.* + HENRICVS. III. D. G. FRAN. ET. POL. REX. Croix fleurdelisée. ℞ + H. DORLEANS D. A. LONGVAVIL. FACIEBAT. Dans le champ. PRO. CHRISTO. ET. REGE. S. Q. 1589 (34). — Arg. TB. Très rare. *Pl. VIII.*

468 *Gros et demi gros de Nesle* (36, 38). A, B, D. M, O, P, ou S. — Bill. 13 p. AB. et B.

469 *Gros de Nesle du Dauphiné* (39). — Bill. 3 p. B. et TB.

470 *Douzain* (41, 42, 43). *Douzain du Dauphiné* (44). *Liard* (49, 51, 52, 53). — Bill. 21 p.

471 *Essai en argent* du double tournois (55). Paris, 1581. — AB. Rare.

472 *Essai en argent* du denier tournois (63). Poitiers, 1586. — Arg. doré. B. Rare.

473 *Double et denier tournois.* — Cuivre. 5o p.

474 La Ligue. *Demi franc.* Narbonne, 1587, 1589. — Arg. 2 p. B.

475 — Autres, 1590, 1591, 1592. *Demi franc*, 1590, 1592. Toulouse. — Arg. 8 p. AB. et B.

476 *Demi et quart de franc.* St Lizier, 1590, 1591. — Arg. 7 p. B.

477 *Quart et huitième d'écu*, Paris, 1589. Arg. *Gros, Douzain, Double et denier tournois* de Toulouse, Montpellier, etc. — Bill. et Cuivre. — Ens. 13 p.

Charles X. Cardinal de Bourbon (1589-1594)

478 *Ecu d'or au soleil.* CAROLVS. X. D : G. FRANCO (rose) REX. Ecu de France couronné. ℞. ✠ CHRISTVS, etc. Croix fleurdelisée (1). Rouen. 1592. — Or. B.

479 *Demi écu d'or.* Mêmes légendes et types (2). Rouen, 1592. — Or. TB. Très rare.   *Pl. VIII.*

Vente Hauet, 1908, n° 488.

480 *Quart d'écu* (8). En bas de l'écu, L. A. Laon. — Arg. TB.

481 — Autres. Paris, Rouen, Nantes. — Arg. 7 p. B. et TB.

482 *Huitième d'écu* (10). Paris, Rouen, Troyes, Nantes. Arg. *Sol parisis* (11). *Douzain* (12, 13). Bill. *Double et denier tournois* (16, 17). Cuivre. — Ens. 21 p. En général B.

Henri IV (1589-1610)

483 *Ecu d'or aux H.* (Soleil). HENRICVS IIII FRANG ET NAVA REX. CI. Ecu couronné. ℞. ✠ CHRS, etc. Croix formée de quatre H surmontées d'un lis ; au centre, & (3 varié). Aix. 1596. — Or. TB. Très rare.   *Pl. VIII.*

484 *Demi écu d'or.* (Trèfle). HENRICVS. IIII. D. G. FRAN. ET. NA. REX. 1595. Ecu couronné. ℞. ✠ CHRISTVS etc. Croix fleurdelisée (6 varié). Paris. Or. TB. Très rare.   *Pl. VIII.*

485 *Ecu d'or au soleil.* Même lég. et types, mais l'écu surmonté d'un soleil (5). St Lô. 1597. — Or. B. Rare.   *Pl. VIII.*

486 *Quart d'écu.* ✛ ʜᴇɴʀɪᴄᴠꜱ, ɪɪɪ, etc. Croix fleurdelisée. ℞. Écu
accosté de ɪɪ-ɪɪ (13). Paris, 1603. — Autres, les branches de la
croix terminées par des couronnes (17) et *Huitième d'écu.*
Même type (18). Sᵗ Lô. — Arg. 6 p. La plupart B. et TB.

487 *Quart d'écu.* ✛ ʜᴇɴʀɪᴄᴠꜱ, etc. Croix formée de quatre fleurons.
℞. ꜱɪᴛ, etc. Écu accosté de ɪɪ-ɪɪ. A la pointe de l'écu, ꜰ. ʜ, ᴋ ou
ʟ. — Arg. 9 p. En général, B. ou TB.

488 — Autres avec ɴ, ᴛ, x, ǫ. — Arg. 9 p. B. et TB.

489 *Huitième d'écu.* Croix fleurdelisée (13). Nantes. Croix fleuronnée,
Bayonne, Nantes, Rennes, etc. — Arg. 8 p. B.

490 *Quart d'écu.* ʜᴇɴʀɪᴄᴠꜱ, etc. Écu accosté de ɪɪ-ɪɪ. ℞. ꜱɪᴛ, etc. Croix
feuillue. Riom, 1596. — Arg. B.

491 Variété. ℞. Croix feuillue cantonnée d'un lis et d'une molette (19
var.). Sᵗ André de V. 1603. — Arg. TB.

492 — Autre exemplaire, moins beau. *Huitième d'écu*, même type,
sans la molette (20). Sᵗ André de V. — Arg. 2 p. B.

493 *Quart et huitième d'écu* du Dauphiné (26, 27). — Arg. 4 p. B.
et TB.

494 *Quart et huitième d'écu* de Navarre et de Navarre-Béarn (29, 30,
32, 33). — Arg. 12 p. En général B.

495 *Demi franc.* ✠ ʜᴇɴʀɪᴄᴠꜱ, etc. Buste à dr. ; dessous, ᴄ. ℞. ✠ ꜱɪᴛ,
etc. ʜ sur une croix de quatre fleurons (voir ʜ. 36, 37). Sᵗ Lô,
1596. — Arg. B.

496 — Autres, 1592, 1596, mal conservés. — Variété de type (voir
ʜ. 37 et 44) ; sous le buste, ʙ ou ᴄ. — Arg. 4 p.

497 — Autres ; sous le buste, ᴇ, ꜰ. — Arg. 5 p. AB. et B.

498 — Autre. Sous le buste, ɪ (36). Limoges, 1607. — Arg. B.

499 — Autres. Sous le buste, ᴋ et mitre. — Arg. 5 p. B.

500 — Sous le buste, x. Variété ; les lettres ᴅ ou ꜱ dans la légende.
— Arg. 3 p. B.

501 *Quart de franc.* Types variés. Rouen, Lyon, Tours, Angers,
Limoges. Bordeaux. Amiens. — Arg. 8 p. AB. et B.

502 *Demi franc de Béarn.* Buste à dr. ; dessous, vaquette. ℞. ɢʀᴀᴛɪᴀ.
ᴅᴇɪ. ꜱᴠᴍ. ɪᴅ. ǫᴠᴏᴅ. ꜱᴠᴍ. Quatre fleurons en croix ; au centre, ʜ
et, accostant le bras inférieur de la croix, 15-95 (40). — Arg. B.
Rare.

503 *Quart de franc de Béarn.* Même type (41). — Arg. B. Rare.

504 *Demi et quart de franc* de Montpellier et de Toulouse. — Arg.
4 p. B.

505 *Demi franc*, 1597, 1603. *Quart de franc*, 1606. Toulouse. —
  Arg. 3 p. B. et TB.

506 *Demi et quart de franc*, Aix, 1603. — Arg. 2 p. B.

507 *Demi franc*, Dijon. *Demi et quart*, Rennes et St Malo. — Arg.
  3 p. B.

508 *Demi franc*. Derrière le buste, lis ; dessous, R. (45). — Arg. B.
  Rare.

509 — Autres sans la fleur de lis. — Arg. 3 p. AB. et B.

510 *Quart de franc*. Même type. St André de V., 1607. — Arg. TB.

511 *Demi franc*. HENRICVS. 4 D. G., etc. (47). Poitiers, 1603. — Arg.
  TB.

512 *Demi franc du Dauphiné*. ✝ HENRICVS. IIII., etc. Buste à dr. ;
  dessous, z. ℞. SIT., etc. Croix de quatre fleurons avec H au
  centre et cantonnée de deux lis et de deux dauphins (voir
  H. 45). — Arg. TB. Rare.   *Pl. VIII.*

513 *Piéfort du demi franc*. ✝ HENRICVS. IIII., etc. Buste à dr. ; des-
  sous, 1607. ℞. SIT., etc. Quatre fleurons en croix, H au centre.
  Sur la tranche : PERENNITATI. PRINCIPIS. GALLIÆ RESTITVTORIS (52).
  — Arg. TB. Rare.   *Pl. VIII.*

514 *Gros de Nesle* (57) *Id.* pour le Dauphiné (58). *Douzain* (62, 63 et
  var.). Rouen, St Lô, La Rochelle, Bayonne, Riom, Amiens,
  Aix, Paris, etc. — Bill. 24 p.

515 *Douzain* aux H couronnés (59), du Dauphiné (64), de Navarre
  (65), de Navarre-Béarn (67). — Bill. 16 p. La plupart B.

516 *Vaquette* (72). *Liard* (73). *Double et denier* tournois (75, 78, 79.
  82, 87 et var.). — Cuivre 55 p.

517 *Essai en argent* du denier tournois (81). *Piéfort* du double
  tournois (80). Cuivre. 2 p. — Ens. 3 p.

518 *Piéfort et essai* du denier tournois (80). — Cuivre. 2 p. B.

519 La Ligue. *Quart d'écu*. ✝ HENRICVS. IIII., etc., 1590. Croix fleurdelisée. ℞. SIT., etc. Ecu accosté de II-II ; dessous, A. Compiègne.
  — Arg. TB. Rare.

520 Variété, 1591, avec le *schin* hébreu. Croix formée de quatre fleurons. Compiègne. Arg. TB. Rare.

521 Autre. 1594, avec A et M renversé, Melun. — Arg. TB. Rare.

522 *Demi franc*. Buste à dr. ; dessous, A ; en fin de lég., *schin*.
  ℞. SIT, etc., 1590. Quatre fleurons en croix. H au centre. Compiègne. — Arg. TB. Rare.   *Pl. VIII.*

523 *Douzain*, Riom, Clermont. *Double tournois*, Clermont, Châlons, Dieppe. — Bill. et cuivre 20 p.

524 **Siège de Cambrai** par les Espagnols. Montluc de Balagny, gouverneur, 1595. 20, *10*, *1 patards*. — Cuivre. 5 p. AB. et B.

Louis XIII (1610-1643)

525 *Ecu d'or*. (Etoile) LVDOVICVS. XIII. D : G. FRAN. ET. NAVA. REX, 1615.
Ecu couronné. ℟. ✠ CHRS., etc. Croix fleuronnée ; au centre, c
(2). Caen. — Or. TB.   *Pl. IX.*

526 Variété. Même type varié. ℟. ✠ CHRISTVS, etc. Croix tortillée,
fleurdelisée ; au centre, B. (6 varié). Rouen, 1615. — Or. TB.

527 — Autre. Montpellier. 1640. — Or. B.

528 — Autre. Troyes. 1638. — Or. B.

529 — Autre. Amiens. 1635. — Or. TB.

530 *Demi écu d'or*. Même type. Paris, 1626. — Or. B. Rare.

Pl. IX.

531 *Dix louis d'or* (second type). LVD. XIII. D. G. FR. ET. NAV. REX. Tête
laurée à dr.; dessous, 1640. ℟. CHRISTVS. REGNAT. VINCIT. ET.
IMPERAT. Croix formée de huit L couronnés, cantonnée de quatre fleurs de lis. Au centre, x. (16). Paris. Poids 67 gr. 15. —
Or. TB. Extrêmement rare.   *Pl. X.*

532 *Huit louis d'or*. Mêmes légendes et types (17). Paris, Poids 53.60.
— Or. TB. Très rare.   *Pl. X.*

533 *Quatre louis d'or*. Même légende et même tête. ℟. CHRS.. REGN..
VINC.. IMP. Même type (19). Paris. — Or. TB. Extrêmement rare.
Pl. X.

Vente Bourgey. Novembre 1903, N° 264.

534 *Double louis d'or*. Même lég. Tête laurée, mèche courte ; dessous,
1640. ℟. Même lég. et type (20). Paris. — Or. TB.   *Pl. IX.*

535 *Louis d'or*. Même type (22). Paris, 1640. — Or. TB.

536 *Demi louis d'or*. Même type (24). Paris, 1640. — Or. TB.

537 *Louis d'or*. Même type varié. Paris, 1642. — Or. FDC.

538 Variété. Même type, mèche longue. Paris, 1641. — Or. TB.

539 *Demi-louis*. Même type. Paris, 1641. — Or. B.

540 — Autre exemplaire semblable. 1642.

541 *Louis d'or* à la grosse tête. LVDO. XIII. D. G. F. ET. N. REX. Tête
laurée à dr.; dessous, 1640. ℟. CHRS., etc. Croix de huit L couronnés cantonnée de quatre fleurs de lis (Voir H. 29). — Or. B.
Rare.   *Pl. IX.*

542 *Piéfort du huitième d'écu.* + LVDOVICVS. XIII. D. G. FRAN. ET. NAVA.
REX. 1618. Croix fleurdelisée. ℞. SIT., etc. Écu accosté de V-III.
Sur la tranche : PROBATI. NVMISMATIS. EXEMPLVM. (36). — Arg.
TB. Rare.   *Pl. IX.*

543 *Quart d'écu* + LVD. XIII. D. G., etc. 1642. Même type. ℞. Écu couronné accosté de II-II (30). Rouen, St Lô. *Huitième d'écu.*
Même type, avec V-III (33). Mêmes ateliers. — Arg. 4 p. TB.

544 *Quart d'écu.* Même type. Angers, La Rochelle, Bayonne, Toulouse, Dijon, Nantes, Rennes. — Arg. 7 p. B. et TB.

545 — Autre. Bordeaux. *Huitième d'écu.* Même type. Bayonne,
Toulouse, Nantes. — Arg. 4 p. B. et TB.

546 *Quart d'écu.* Même type : AR et RAT. Variété, LVDOVICVS, etc., du
côté de l'écu, 1643. (43). *Huitième d'écu.* Même type, 1642 (46).
Arg. 3 p. Arras. — B. et TB.

547 *Quart d'écu.* Même type (43). Tours, Poitiers, Montpellier,
Amiens. *Huitième d'écu* (46). Rouen. — Arg. 6 p. TB.

548 *Quart d'écu.* LVDOVIC. XIII. etc. Écu accosté de II-II. Dessous, &.
℞. + SIT., etc. 1643. Croix formée de quatre fleurons (manque
à H.). Aix. — Arg. Très beau. Rare.   *Pl. IX.*

549 *Quart* et *huitième d'écu* de Navarre-Béarn (47, 48). — Arg. 4 p.
B. et TB.

550 *Quart* et *huitième d'écu* de Navarre (49, 50). — Arg. 4 p. B. et
TB.

551 *Demi franc.* Buste enfantin, lauré, fraisé. ℞. Croix de quatre
fleurons ; L, au centre (60 et var.). *Quart de franc.* Même type
(61). Rouen, St Lô, Toulouse. — Arg. 6 p. B.

552 *Demi* et *quart de franc.* Même type, mais le buste est nu (62).
Paris. — Arg. 2 p. B.

553 *Demi franc.* Même type. Angers, Amiens, Rennes. — Arg. 3 p. B.

554 — Autres et *quart de franc.* Troyes. — Arg. 2 p. B.

555 *Demi franc.* Buste lauré, avec col rabattu (72). St Lô, Toulouse.
Quart de franc. Même type (73). Troyes. *Demi franc.* Buste
lauré, fraisé. — Arg. 4 p. B.

556 *Demi franc.* Buste lauré, avec grand col (63). Bordeaux, Montpellier, Troyes, Aix. — Arg. 4 p. AB. et B.

557 *Essai du demi franc.* LVDOVICVS. XIII, etc. Buste lauré, drapé et
cuirassé, avec la fraise. ℞. SIT. NOMEN. etc. 1625. Quatre fleurons fleurdelisés en croix ; au centre, L entre six points (67). —
Arg. TB. Rare.   *Pl. IX.*

558 *Essai de l'écu au type de la Monnaie.* LVDOVICVS. XIII. D. G. FR. ET. NAV. REX. Buste lauré, drapé à droite. ℞. ARTE MEA BIS IVSTVS. La Monnaie assise à gauche ; à l'ex. MONETA. LVD. IVST. 1641 (81). — Arg. B. Très rare. *Pl. X.*

Vente Meyer, 1902, N° 1067.

559 *Louis d'argent de 60 sols.* Même buste. ℞. SIT., etc. Ecu de France (87). Paris, 1642. — Arg. TB.

560 *30 et 15 sols.* Même type (88, 89). — Arg. 2 p. TB.

561 *Louis d'argent de 60 sols.* Même type, buste drapé et cuirassé (91). Paris, 1643. — Arg. Très beau.

562 *Louis d'argent de 30 sols.* Même type (94). — Arg. 3 p. TB.

563 *15 et 5 sols.* Même type (97, 100). — Arg. 9 p. B. et TB.

564 *Piéfort du louis d'argent de 5 sols* (102). Tranche inscrite. — Arg. B. Rare.

565 *Essai du douzain.* + LVDOVICVS, XIII., etc, 1618. Ecu accosté de deux L. ℞. SIT., etc. Croix cantonnée de deux L et de deux couronnes (108). — Bill. TB. Rare. *Pl. IX.*

566 *Douzain.* Même type. *Sol de 18 deniers* (109). *Vaquette* (120). — Bill. 11 p. B. et TB.

567 *Essai de 15 deniers.* LVD. XIII., etc. Ecu accosté de deux L. ℞. + SIT., etc. 1625. Croix cantonnée de deux couronnes et de deux lis (115). — Arg. TB. Rare.

568 Variété. Les L couronnés. ℞. Croix cantonnée de deux lis et de deux L couronnés (116). — Arg. TB. Rare.

569 *Essai de 2 sols 6 deniers.* LVD. XIII., etc. 1642. Trois lis surmontés d'un L couronné. ℞. SIT., etc. Croix de quatre fleurons cantonnée de 2. . s. , 6. . D. (117). — Arg. TB Très rare.

Pl. IX.

570 *Piéfort du double tournois* (Type 121, 127, 130). — Cuivre. 3 p. AB. et B.

571 *Double* et *denier tournois* de Navarre (132, 133). *Double lorrain* (134, 135). — Cuivre. 8 p. B. et TB.

572 *Double* et *denier tournois.* Grand lot de pièces variées. — Cuivre. Environ 100 p.

573 **Barcelone.** *5 réaux.* (Lis) LVD. XIII. D. G. REX FRAN... CO. BARCIN. Buste à dr. accosté de V-R. ℞. BARCINO CIVITAS 1642. Croix coupant la légende, portant les armes de Catalogne et cantonnée d'annelets et de globules (147). — Arg. TB. Rare. *Pl. IX.*

574 Variété. La légende commence par une croisette et se termine par
    BAR. — Arg. B. Rare.

575 Autre variété, de plus petit module. — Arg. B. Rare.

576 *5 sols.* Type analogue. La tête du roi accostée de V-S. (150). —
    Arg. TB. Rare.   *Pl. IX.*

577 Variété avec le buste du roi (149). — Arg. B. Rare.

578 *Seizain* (151, 152). — Cuivre. 8 p. B. et TB.

579 **Cervera.** *5 réaux...* XIII. D. G. R. F. C. B... Buste à dr. accosté de
    V-... ℞. CERV... VILLA. Croix cantonnée de globules et d'annelets
    (155). — Arg. Rare.

580 **Bellpuig. Girone. Tarrega.** *Seizain* (154, 158, 162). — Cuivre. 7 p.
    B. et TB.

581 **Vich.** *Menut* (169). **Manresa. Villafranca.** *Seizain.* — Cuivre. 5 p.
    B. et TB.

582 **Aire** *assiégée par les Français, 1641.* Flan carré sur lequel, en
    six lignes, PHIL. IIII. REX. PATER PATRIÆ ARIA. OBS. 1641. I. —
    Arg. TB. Très rare.   *Pl. IX.*

583 — *Assiégée par les Espagnols, 1641.* Flan carré sur lequel, en
    sept lignes, LVD. XIII REX PIVS IVSTVS INVICTVS. ARIA VNO A° BIS
    OBSES. 1641. — Arg. TB. Très rare.   *Pl. IX.*

584 **Casal,** *assiégée par Spinola, 1630.* INSTAR. HORVM FLORESCAM. Écu
    de France accosté de P-XX ; dessous, CASALE. ℞. HIS DVCIBVS.
    OMNIA. DOMANTVR, 1630. La Justice et la Force. A l'ex. : TOIRACE
    CLIPEO. Pièce de 20 florins. — Cuivre. TB. Rare.   *Pl. IX.*

Louis XIV (1643-1715)

585 *Écu d'or au soleil.* LVDOVICVS. XIII., etc. Écu couronné. ℞. CHRIS-
    TVS, etc., 1647. Croix tortillée, fleurdelisée (1). Paris. — Or.
    TB.

586 *Louis d'or* à la mèche courte. Tête enfantine laurée à dr. ℞. Croix
    de huit L. (6). Lyon, 1652. — Or. Très beau.

587 *Demi louis d'or.* Même type (8). Lyon, 1644. — Or. TB.

588 *Double louis d'or* à la mèche longue. Type des précédents ; une
    mèche tombe le long du cou (11). Dijon, 1652. — Or. B. Très
    rare.   *Pl. IX.*
                Vente Meyer, 1902, N° 1097.

589 *Louis d'or.* Même type (12). Paris, 1649. — Or. TB.

590 — Autre. Paris, 1652. — Or. TB.

591 — Autre. Arras, 1653. — Or. TB.

592 *Demi louis d'or*. Même type (13). Paris, 1646. — Or. B. Rare.
Pl. IX.

593 *Lis d'or*. LVDOVIC. XIII, etc. Croix formée de quatre lis couronnés
cantonnée de quatre lis. ℟. DOMINE ELEGISTI LILIVM TIBI. L'écu de
France soutenu par deux anges. A l'ex. : 1656 (20). Paris. —
Or. B. Rare.
Pl. IX.

594 *Louis d'or a la tête juvénile*. Tête laurée à dr. ℟. Croix de huit L
(22). Paris, 1663. — Or. Très beau.
Pl. XI.

595 *Louis d'or*. Analogue au précédent, mais la tête n'est pas laurée
(24). Paris, 1668. — Or. TB.

596 — Autre. Lyon, 1671. — Or. TB.

597 — Autre. Paris, 1677. — Or. Très beau.
Pl. XI.

598 Variété (26). Bayonne, 1679. — Or. TB. Mais flan rayé.

599 *Louis d'or à la perruque*. Tête laurée à dr. ℟. Croix de huit L
(manque à Hoffmann). Lyon, 1683. — Or. Très beau. Rare.
Pl. XI.

600 *Double louis d'or*. Tête vieillie, laurée à dr. ℟. Ecu de France
(28). Montpellier, 1691. — Or. B.
Pl. XI.

601 *Louis d'or*. Même type (29). Paris, 1690. — Or. TB.

602 — Autre. Troyes, 1691. — Or. TB.

603 *Demi louis d'or*. Même type (30). Lille, 1691. — Or. B.

604 *Louis d'or de Béarn*. LVD. XIIII. D : G FR. ET. NA. RE. BD. Tête laurée
à dr. ℟. SIT., etc. Ecu couronné parti de France et de Navarre-
Béarn (31). — Or. TB. Extrêmement rare.
Pl. XI.

605 *Double louis d'or aux quatre L*. Tête laurée à dr. ℟. Quatre lis
couronnés en croix cantonnés de quatre L (32). Toulouse, 1695.
— Or. FDC.
Pl. XI.

606 *Louis d'or*. Même type (33). Paris. — Or. TB.

607 *Demi louis d'or*. Même type (34). Toulouse, 1695. — Or. B.

608 *Double louis d'or aux insignes*. Tête laurée à dr. ℟. Croix de
huit L couronnés brochant sur le sceptre et la main (35).
Paris, 1700. — Or. TB.
Pl. XI.

609 *Louis d'or*. Même type (36). Paris, 1701. — Or. B.

610 *Demi louis d'or*. Même type (37). Paris, 1700. — Or. TB.

611 *Double louis d'or aux insignes*. Même tête. ℟. Quatre lis couronnés en croix sur le sceptre et la main (38). 1705. — Or. B.

612 *Louis d'or*. Même type (39). Paris, 1704. — Or. TB. Traces de
surfrappe.

613 *Demi louis d'or.* Même type (40). Paris, 1704. — Or. TB.

614 *Louis d'or.* Tête laurée, cheveux longs. ℞. Semblable au précédent (non décrit dans Hoffmann). Paris, 1704. — Or. Très beau. Rare. *Pl. XI.*

615 *Double louis d'or au soleil.* Tête laurée à dr. ℞. Croix de huit L couronnés; au centre, soleil (41). Bayonne, 1711. — Or. TB. légèrement rayé. *Pl. XI.*

616 *Louis d'or.* Même type (42). Lyon, 1711. — Or. TB.

617 *Demi louis d'or.* Même type (43). Paris, 1709. — Or. Très beau. *Pl. XI.*

618 *Quart d'écu.* ✝ LVD. XIIII., etc. Croix fleurdelisée. ℞. SIT., etc. Ecu accosté de II - II (44). St Lô, Angers, La Rochelle, Limoges. — Arg. 6 p. B. et TB.

619 — Autres. Bordeaux, Bayonne, Toulouse. *Huitième d'écu.* Même type (45). Bordeaux. — Arg. 7 p. B. et TB.

620 *Quart d'écu.* LVDOVIC. XIIII, etc. Ecu accosté de II - II. ℞. ✝ SIT, etc. Croix fleurdelisée (48). Poitiers, Montpellier, Narbonne, Amiens, Rennes. — Arg. 5 p. B. et TB.

621 — Autres. Arras, 1643, 1645. — Arg. 3 p. B. et TB.

622 *Quart d'écu de Navarre* (51) 3 p. et de *Navarre-Béarn* (53). — Arg. 4 p. TB.

623 *Ecu blanc.* Buste enfantin, mèche courte. ℞. Ecu couronné (55). Paris, 1643. — Arg. 2 p. TB.

624 *Demi, quart* et *douzième d'écu* (59, 61, 63). Paris, Lyon. — Arg. 8 p. TB.

625 *Quarante huitième d'écu.* Même type (68). Paris. — Arg. B. Rare. *Pl. XI.*

626 *30 et 15 deniers* (69, 70). Paris, 1644. — Arg. 2 p. B. et TB.

627 *Ecu blanc.* Buste enfantin, mèche longue. ℞. Même type (74). Paris, Rouen, Angers. — Arg. 4 p. B. et TB.

628 — Autres. La Rochelle, Limoges, Bordeaux, Bayonne. — Arg. 5 p. B. et TB.

629 — Autres. Toulouse, Montpellier, Riom, Troyes, Nantes. — Arg. 5 p. B. et TB.

630 — Autre. Aix, 1653. Arg. B.

631 *Demi écu.* Même type (76). Arras, 1647. — Arg. B.

632 — Autres. Paris, Rouen, St Lô, Tours, Angers. — Arg. 7 p. B. et TB.

633 — Autres. Poitiers, La Rochelle, Limoges, Bordeaux, Bayonne, Toulouse. — Arg. 7 p. B. et TB.

634 — Autres. Narbonne, Aix. — Arg. 3 p. B. et TB.

635 — Autres. Montpellier, Riom, Troyes, Nantes, Amiens, Bourges, Rennes. — Arg. 7 p. B. et TB.

636 *Quart d'écu*. Même type (77). Paris, Toulouse, Montpellier, Narbonne, Arras. *Douzième* (78). Paris, Rouen, Limoges, Bordeaux, Aix, Arras. — Arg. 11 p.

637 *Ecu de France-Navarre*. Buste enfantin à dr. ℞. Ecu parti de France-Navarre (79). 1661. — Arg. TB.

638 — Autre, 1655. *Demi écu*. Même type (80). 1657. — Arg. 2 p. B.

639 — Autre, 1661, 1662. — Arg. 2 p. B.

640 *Quart d'écu*. Même type (81). 1653. — Arg. B. Rare.

641 *Douzième*. Même type (82). 1653, 1660. — Arg. 2 p. AB. et B.

642 *Ecu de France-Navarre-Béarn*. Même buste ; dessous, R. ℞. Ecu parti de France et de Navarre-Béarn (83). 1656. — Arg. TB.

643 — Autre, F ou R sous le buste. — Arg. 2 p. AB. et B.

644 — Autre. Pomme de pin ou palmes sous le buste. — Arg. 2 p. B.

645 — Autres. Oie ou vol sous l'écu. — Arg. 2 p. B.

646 *Demi écu*. Même type (84). F sous le buste. — Arg. B.

647 — Autres, avec F ou palmes sous le buste ou vol sous l'écu. — Arg. 3 p. B.

648 *Douzième*. Même type (86) avec R ; autre avec vol ; autre, de 1679. — Arg. 3 p. AB. et B.

649 *Lis émis pour 20 sols*. LVD. XIIII., etc. Buste juvénile lauré, drapé, cuirassé à dr. ℞. DOMINE. ELEGISTI. LILIVM. TIBI. 1656. Croix de huit L couronnés cantonnée de quatre lis (92). Paris. — Arg. TB Rare. *Pl. XII.*

650 — Autre exemplaire, de coin varié ; moins beau.

651 *Douzième d'écu du Dauphiné*. Buste juvénile, lauré, drapé à dr. ℞. SIT, etc. Ecu écartelé de France-Dauphiné (99). Grenoble, 1660. — Arg. TB. Rare. *Pl. XI.*

652 — Autre exemplaire, de coin varié ; un peu moins beau.

653 *5 sols pour le Canada*. LVD. XIIII., etc. Buste juvénile, lauré, drapé à dr. ℞. GLORIAM. REGNI. TVI. DICENT. 1670. Ecu couronné (101). Paris. — Arg. B. Rare. *Pl. XII.*

654 *Ecu blanc*. LVD. XIIII.. etc. Buste juvénile, lauré, drapé, cuirassé, à dr. ℞. Ecu couronné (102). Paris, 1664. — Arg. TB.

655 — Autres. Bayonne, Rennes. — Arg. 2 p. B.

656 *Demi écu*. Même type (113). Aix, 1671. — Arg. TB.

657 — Autres. Paris, Rouen Toulouse. Nantes, Rennes. — Arg. 7 p. B.

658 *Quart d'écu.* Même type (104). Bayonne, 1663. — Arg. TB. Rare.
659 *Douzième* (105). Paris, Lyon, Montpellier, Dijon, Aix. *4 et 2 sols* (106, 107). — Arg. 14 p. B. et TB.
660 *Ecu de Navarre.* Buste juvénile lauré, drapé, cuirassé à dr. ℞. Ecu parti de France-Navarre (108). 1667. — Arg. B.
661 *Ecu de Navarre-Béarn.* Même buste. ℞. Ecu parti de France-Navarre-Béarn (109). 1665. — Arg. TB.
662 — Autre 1663, un peu moins beau.
663 *Demi écu de Navarre-Béarn.* Même type (110). 1677. — Arg. TB.
664 — Autre, 1674, moins beau. *Quart d'écu.* Même type (111). AB. — Arg. 2 p.
665 *Ecu du Parlement.* Buste drapé, cuirassé avec cravate brodée. ℞. Ecu couronné (113). Bayonne, 1679. — Arg. TB.
666 — Autres. Paris, Tours. — Arg. 3 p. B. et TB.
667 — Autres. Bayonne, Rennes, Reims. — Arg. 3 p. B. et TB.
668 *Demi écu.* Même type (114). Aix, 1679. — Arg. TB.
669 — Autres. Paris, Rouen, Lyon, Montpellier. — Arg. 5 p. B. et TB.
670 *Quart d'écu.* Même type (115). Paris, 1681. — Arg. TB. Rare.
671 *Douzième.* Même type (116). Paris, 1679, 1681. — Arg. B. et TB.
672 *Ecu du Parlement, Navarre-Béarn.* Même buste. ℞. Ecu parti de France-Navarre-Béarn (118). 1682. — Arg. Très beau.
673 *Ecu du Parlement.* Buste cuirassé, drapé avec large nœud de cravate. ℞. Ecu couronné (120). Rennes, 1685. Arg. TB. Rare.
674 *Quart d'écu.* Même type (121). Paris, 1684. — Arg. B. Rare.
675 *Ecu blanc.* Buste drapé à dr. ℞. Ecu couronné (123). Rennes, 1689. — Arg. Très beau.
676 — Autre exemplaire, 1687; un peu moins beau.
677 — Autre. Paris, 1686. — Arg. TB.
678 — Autre. Bayonne, 1685. Style varié. — Arg. B.
679 *Demi écu.* Même type (124). Paris, 1686. — Arg. TB. Rare.

Pl. XII.

680 *Ecu carambole.* Buste drapé à dr. ℞. Ecu écartelé de France-Bourgogne (128). Paris, 1685. — Arg. TB.
681 — Autre. Lille, 1686. — Arg. TB.
682 *Demi écu.* Même type (129). Paris, 1685. — Arg. TB.
683 — Autre exemplaire, 1686. — Arg. TB.
684 — Autre. Deux L sous l'écu. Lille, 1686. — Arg. B.
685 — Autre. avec L couronné. Lille, 1686. — Arg. TB.
686 — Autre exemplaire, 1687. — Arg. TB.

687 — Autre exemplaire, coin varié. — Arg. TB.

688 *Quart d'écu*. Même type (130). Lille, 1686 et 1688. — Arg. 4 p.
AB. et B.

689 *Huitième d'écu*. Même type (131). *Seizième* (132). Lille, 1686,
1687, 1688. — Arg. 5 p. AB. et B.

690 *Ecu aux 8 L*. Buste à dr. ℞. Huit L couronnés, en croix (133).
Troyes, 1691. — Arg. TB.

691 — Autres. Paris, Rouen, Lyon. — Arg. 3 p. TB.

692 — Autres. Tours, Poitiers, La Rochelle. — Arg. 3 p. B. et TB.

693 — Autres. Limoges, Bordeaux, Bayonne. — Arg. 3 p. B. et TB.

694 — Autres. Toulouse, Montpellier, Dijon. — Arg. 3 p. B. et TB.

695 — Autres. Bourges, Amiens, Rennes. — Arg. 3 p. TB.

696 *Demi écu*. Même type (134). Lille, Troyes. — Arg. 2 p. TB.

697 — Autres. Paris, Rouen, Poitiers, Montpellier, Riom, Dijon,
Amiens. — Arg. 7 p. B. et TB.

698 *Quart d'écu*. Même type (135). Paris, Toulouse, Aix, Reims. —
Arg. 4 p. B. et TB.

699 *Douzième d'écu*. Même type (136). Paris, Lille. *Quatre sols* (138).
Lettres A, B, D, H, I, M, N, P, S, X, Y, 9. — Arg. 20 p.

700 *Ecu aux palmes*. Buste cuirassé à dr. ℞. Ecu couronné cerné de
deux palmes (140). Bayonne, 1694. — Arg. TB.

701 — Autres. Paris, Poitiers, Bayonne. — Arg. 3 p. B.

702 — Autres. Lille, Amiens, Strasbourg. — Arg. 3 p. B. et TB.

703 *Demi écu*. Même type (141). Metz, La Rochelle, Aix. — Arg. 3 p.
B. et TB.

704 — Autres. Rouen, Tours, Toulouse, Montpellier, Nantes. —
Arg. 5 p. B.

705 — Autres. Besançon, Troyes. *Quart d'écu*. Même type (142).
Paris, Montpellier. *Douzième* (143). Lyon, La Rochelle, Dijon,
Toulouse. — Ens. 10 p. Arg. B.

706 *Ecu aux palmes, Navarre-Béarn*. Buste cuirassé à dr. ℞. Ecu
coupé de France sur un parti de Navarre-Béarn et cerné de
palmes (144). Pau, 1693. — Arg. B. Rare.   *Pl. XII.*

707 *Demi écu*. Même type (145). Pau, 1695. — Arg. TB. Rare.
                                                 Pl. XI.

708 *Quart d'écu*. Même type (146). Pau, 1694. — Arg. TB. Rare.

709 *Douzième d'écu*. Même type (147). Pau. — Arg. AB. Rare.

710 *Ecu carambole aux palmes*. Buste cuirassé à dr. ℞. Entre deux
palmes, écu écartelé de France Bourgogne ancien, Bourgogne
moderne et Navarre (148). Lille. — Arg. B. Surfrappé.

711 *Demi écu.* Même type (149). Lille, 1694, 1695. — Arg. 3 p. B.

712 *Quart d'écu.* Même type (150). Lille, 1694. — Arg. AB.

713 *Huitième d'écu.* Même type (151). Lille, 1694. — Arg. B.

714 *Seizième d'écu.* Même type (152). Lille, 1698. — Arg. TB.

715 *Ecu aux insignes.* Buste cuirassé à dr. ℞. Ecu rond sur le sceptre et la main (153). Rennes, 1702. — Arg. TB.

716 — Autres. Paris, Lyon. — Arg. 3 p. B.

717 — Autres. Poitiers, La Rochelle, Limoges. — Arg. 3 p. B.

7 8 — Autres. Riom. — Arg. 2 p. B.

719 — Autres. Montpellier, Dijon, Nantes. — Arg. 3 p. B.

720 — Autres. Amiens, Bourges, Rennes. — Arg. 3 p. B.

721 *Demi écu.* Même type (154). Paris, Rouen, St Lô. — Arg. 3 p. B. et TB.

722 *Quart* et *douzième d'écu.* Même type (155, 156). Paris, Lyon, Bordeaux, Montpellier, Troyes, Lille, Besançon. — Arg. 9 p. En général, B.

723 *Ecu carambole aux insignes.* Buste cuirassé à dr. ℞. Ecu écartelé de France, Bourgogne et Navarre sur le sceptre et la main (157). Lille, 1702. — Arg. B. Rare.   *Pl. XI.*

724 *Demi écu.* Même type (158). Lille, 1702. — Arg. B. Rare.

725 — Autre, 1701, moins beau.

726 *Quart d'écu.* Même type (159). Lille, 1701. — Arg. AB. Rare.

727 *Huitième d'écu.* Même type (160). Lille, 1701. — Arg. B. Rare.

728 *Ecu aux insignes. Navarre-Béarn.* Buste cuirassé à dr. ℞. Ecu coupé de France sur un parti de France-Navarre et brochant sur le sceptre et la main (162). 1701. — Arg. TB. Rare.
                Pl. XII.

729 *Demi écu.* Même type (163). Pau, 1702. — Arg. TB. Traces de surfrappe. Rare.   *Pl. XII.*

730 *Seizième d'écu aux insignes, Dauphiné.* Buste cuirassé à dr. ℞. Ecu écartelé de France-Dauphiné brochant sur le sceptre et la main (168). Grenoble, 1702. — Arg. TB. Rare   *Pl. XII.*

731 *Dix sols tournois* (169). Metz, Strasbourg. *Vingt, dix et cinq sols* (171, 172, 173). Paris, St Lô, Lyon, Tours, La Rochelle, Toulouse, Riom, Reims, Grenoble, Rennes, Aix, Besançon, Pau, Strasbourg. — Arg. 25 p.

732 *Ecu aux 8 L* (2ᵉ type). Buste cuirassé à dr. ℞. Huit L couronnés en croix ; au centre, trois fleurs de lis (170). Lyon, 1709. — Arg. Très beau.

733 — Autres. Paris, Amiens, Rennes. — Arg. 3 p. TB.

734 — Autres. La Rochelle, Toulouse, Montpellier, Bayonne. —
   Arg. 3 p. B. et 1 p. fruste.

735 *Demi écu.* Même type (175). Paris, Lyon, Bordeaux, Nantes,
   Rennes. — Arg. 5 p. B

736 *Quart et douzième d'écu* (176, 177). Paris, Lyon, Angers, Montpellier, Nantes, Aix. — Arg. 10 p. La plupart, B.

737 *Ecu.* Même type, mais le buste est lauré et drapé (179). Paris,
   1705. — Arg. TB. Rare.

738 — Autre, un peu moins beau. Nantes, 1708.

739 *Ecu aux 8 L, Navarre Béarn.* Buste cuirassé à dr. ℞. Croix de
   8 L couronnés ; au centre, écu coupé de France sur un parti de
   Navarre-Béarn (180). Pau, 1704. — Arg. AB. Rare.

740 — Autre exemplaire. B. Traces de surfrappe.

741 *Demi écu.* Même type (181). Pau, 1704. — Arg. B. Rare.
Pl. XII.

742 *Demi écu carambole aux insignes.* Buste cuirassé à dr. ℞. Sur le
   sceptre et la main, écu écartelé de France, Bourgogne ancien
   et moderne et Navarre (183). Lille, 1705. — Arg. surfrappé.

743 *Quart d'écu.* Même type (184). Lille, 1705. — Arg. B. Rare.
Pl. XII.

744 *Seizième d'écu.* Même type (186). — Arg. AB. Rare.

745 *Ecu aux trois couronnes.* Buste cuirassé à dr. ℞. Trois couronnes
   cantonnées de trois fleurs de lis (187). Lille, 1713. — Arg. Tres
   beau.

746 — Autres. Paris, Rouen. — Arg. 3 p. TB.

747 — Autres. Caen, Lyon, Tours. — Arg. 3 p. B. et TB.

748 — Autres. La Rochelle, Limoges. — Arg. 3 p. B. et TB.

749 — Autres. Bordeaux, Bayonne. — Arg. 3 p. B. et TB.

750 — Autres. Montpellier, Riom. — Arg. 3 p. TB.

751 — Autres. Toulouse, Dijon, Reims. — Arg. 3 p. TB.

752 — Autres. Nantes, Troyes, Amiens. — Arg. 3 p. TB.

753 — Autre. Aix, 1710. — Arg. TB.

754 — Autres. Grenoble, Rennes, Besançon, Pau. — Arg. 4 p. B.
   et TB.

755 *Demi écu.* Même type (189). Paris, Dijon, Besançon. — Arg. 3 p.
   B. et TB.

756 *Quart d'écu.* Même type (190) Lyon, Dijon, Lille, Amiens, Pau.
   Dixième d'écu. Même type (191). Lettres A, B, E, N, Q, W, X, &, ℈
   et vache. — Ens. 17 p. B. et TB.

757 *Vingtième d'écu*. Même type (192). Nantes, Rennes. — Arg. 2 p. B. Rares.

758 *Six blancs*. LVD. XIIII. D G. FR. ET. NAVAR. REX. Buste enfantin à la mèche longue, à dr. ℞. Sous une couronne, K entre trois lis et 1657. A l'ex. : SIZ BLANZ (194). Bordeaux. — Bill. B. Extrêmement rare.

759 *Liard de Lyon*. Ecu couronné. ℞. LIARD DE LION 1655. Croix cantonnée de quatre lis (204). — Bill. B. Rare.

760 *Liard à la croix de Malte*. Croix de Malte. ℞. Ecu de France (205). 1655. — Bill. B. Rare.

761 *Double tournois*. Trois lis sous une couronne. ℞. Croix fleurdelisée (206). 1656. — Bill. B. Très rare.

762 *Sol de 15 deniers* (118). Paris, Rouen, Lyon, Tours, La Rochelle, Bayonne, Toulouse, Montpellier, Riom. *15 deniers de Béarn* (219). *XVI deniers* (221). *XXX deniers* (222). *XV deniers* (224). — Bill. 24 p.

763 *Essai du double tournois*. LVDOVICVS. XIII. DEI. G. Buste enfantin, mèche courte, à dr. ℞. FRANCORVM. ET. NAVARÆ. REX. 1643. Trois lis sous une couronne (226). Paris. — Cuivre. B. Troué. Rare.

764 *Piéfort* de frappe postérieure (voir 231) et piéforts, également postérieurs, de jetons monétiformes. — Cuivre 4 p. FDC.

765 *Double tournois* (229). *3 deniers* (231, 232, 233). — Cuivre 6 p. AB. et B.

766 *Denier tournois* (221). *Liard* (234, 235, 236, 237, 244, 245, 246, 247 et var.). *2 deniers* (246). — Cuivre. 106 p.

767 *Six deniers* (248). Montpellier, Aix. *Piéfort* de la même pièce (249). Tranche inscrite. — Cuivre. 9 p.

768 **Barcelone** (1651-52). *Dix réaux*. Buste enfantin à dr. accosté de X-R. ℞. (Lis). BARCINO CIVIT OBSESSA. Croix cantonnée de globules et d'annelets avec, au centre, l'écu écartelé (264). 1652. — Arg. TB.

769 *Sizain* (265). *Menut* (267). Vich. *Menut* (270). **Perpignan** (1642-49). *Double sol* (257). *Menut* (260). — Cuivre 12 p. B.

770 **Modène** (Occupation française). *103 soldi*. Aigle. ℞. MVTINÆ SOLD 103. — Or. TB.   *Pl. XI.*

771 *15 soldi*. Buste lauré à dr. ℞. S. GEMIN. MVTINÆ PROTEG. Le Saint deb. tenant l'écu de Modène et une banderolle avec AVIA PERVIA A l'ex., 1706 (271). — Bill. TB. Rare.

772 *10 soldi*. Même buste. ℞. AVIA PERVIA MVTINÆ ANNO MDCCIV. Ecu de Modène (272). — Bill. TB. Rare.

773 *5 soldi*. Même buste. ℞. s. gem. protect. mvtinæ. Le Saint à
genoux. A l'ex., 1704 à l'envers (273). — Bill. TB. Rare.

774 *Soldo*. Type du 10 soldi, varié (274). — Bill. B. Rare.

775 **Strasbourg**. *Trente sols*. moneta nova argentinensis. Lis. ℞. gloria in excelsis deo. Dans le champ, xxx sols 1682 (275). —
Arg. TB.

776 *Quinze sols*. Même type (276). — Arg. B. Rare.

777 *10, 4, 2, 1 sols* (277, 278, 279, 280). — Arg. 6 p. B. et TB.

778 *Demi écu*. Même type. ℞. sit. nomen, etc. Ecu de France cerné de
deux palmes (281). 1694. Arg. TB.

779 Variété. Même type. ℞. Ecu de France sur le sceptre et la main
(283). 1703. — Arg. TB.

780 Variété. Même type. ℞. Huit l couronnés en croix ; au centre,
trois lis (285). — Arg. TB.

781 Variété. Epée et main de justice et sautoir entre trois lis sous une
couronne. ℞. sit. nomen, etc. Ecu cerné de deux palmes (286).
1705. — Arg. TB.

782 *Quarante sols*. Buste cuirassé de Louis XIV à dr. ℞. Ecu de
France accosté de la date (287). 1709, 1713. — Arg. 2 p. TB.

783 — Autre, 1713. *20 et 10 sols* (288, 289). — Arg. 4 p. AB. et B.

784 **Landau**, assiégé par les Impériaux. 1702. *4 livres 4 sols*.. Plaque
découpée dans un plat d'argent poinçonnée aux armes du gouverneur Mélac. Dessous, dans un carré, 4 livres 4 s landav
1702. A chacun des angles et sur le côté, une fleur de lis. Arg.
TB.   *Pl. XII.*

785 — Autre exemplaire varié. — Arg. TB.

786 *1 livre 1 sol*. Même type. — Arg. B. Trouée.

787 Landau assiégée par les Français, 1713. *2 florins 8 kreutzer*.
Plaque rectangulaire aux angles abattus poinçonnée au centre
de l'écu de Wurtemberg. En haut, pro cæs : & imp : et en bas
bel : landau 2. fl : 8 k. Aux angles, chiffre du prince Ch.
Alexandre de Wurtemberg. — Arg. TB.

788 *1 florin 4 kreutzer*. Même type. — Arg. TB.

789 *1/2 florin 2 kreutzer*. Au centre, chiffre du prince Charles
Alexandre ; à chaque angle, petit écu. — Arg. TB.

790 **Aire**, assiégée par les Alliés, 1710. *50 sols*. obs. pro. rege. et.
patria. aria. 50. Ecu du gouverneur, M. de Guébriant, accosté
de 1710. Plaque carrée, uniface. — Arg. TB.

791 *25 sols*. Même type. Octogone. — Arg. TB.

792 **Lille**, assiégée par les Alliés, 1708. *20, 10 et 5 sols* aux armes du
Maréchal de Boufflers. — Cuivre. 6 p. B. et TB.

793 **Tournai**, assiégée par les Alliés, 1709. *20 sols* au buste de M. de
Surville. Arg. *8 et 2 sols*. Cuivre. — Ens. 4 p. B. et TB.

794 **Mayence**, occupée par les Français, 1688-89. *Deux tiers de
thaler*. Monogramme de Louis XIV, dans un cartouche couronné, entre 16 — 89. ℞. GLORIA. IN. EXCELSIS. DEO. Dans le
champ 2/3. — Arg. TB. Rare. *Pl. XII.*

795 **Amsterdam** (Occupation de la Hollande). CONCORDIA RES PAR CRES:
HOL. Chevalier armé deb. à dr. accosté de 16-73. ℞. Dans un
cartouche : MO. AVR. PROVIN CON. FOE BELG. AD LEG IMP. Sur la
tranche : D. GEDACHTENIS V : D : MVNTE : V : AMSTERDAM. Double
ducat. — Or. Très beau. Rare. *Pl. XI.*

796 **Naples**. Henri de Lorraine, duc de Guise, gouverneur, 1648. *3,
2, 1 tornesis*. Ecu couronné avec SPQN. ℞. Bouquet, corbeille
ou grappe. — Cuivre. 4 p. B. et TB.

Louis XV (1715-1774)

797 *Double louis d'or aux insignes*. Buste enfantin à dr. ℞. CHRS., etc.
Ecu ovale sur le sceptre et la main de justice (3). Perpignan. —
Or. B. Très rare. *Pl. XIII.*

798 *Louis d'or*. Même type (4). Montpellier, 1716. — Or. TB. Rare.
Pl. XIII.

799 *Demi louis d'or*. Même type (5). Paris, 1716. — Or. TB. Rare.
Pl. XIII.

800 *Double louis d'or de Noailles*. Buste enfantin couronné à g. ℞.
Quatre écus couronnés en croix (6). Lyon, 1718. — Or. Très
beau. *Pl. XIII.*

801 *Louis d'or*. Même type (7). Paris, 1717. — Or. FDC. Rare.
Pl. XIII.

802 *Demi louis d'or*. Même type (8). Paris, 1717. — Or. B. Rare.
Pl. XIII.

803 *Louis d'or à la croix de Malte*. Buste enfantin lauré à dr. ℞. Croix
de Malte ; au centre, trois lis (9). Paris, 1718. — Or. B.

804 *Louis d'or aux deux L*. Buste enfantin lauré à dr. ℞. Deux L
adossés entre trois lis, sous une couronne (11). Lille, 1721. —
Or. B.

805 *Double louis d'or Mirliton*. Buste enfantin lauré à dr. ℞. Deux L
enlacés, cernés de palmes, sous une couronne (13). Paris, 1723.
— Or. Très beau. Rare. *Pl. XIII.*

806 *Louis d'or*. Même type (14). Paris, 1724. — Or. TB.

807 *Louis d'or aux lunettes*. Buste jeune à g. ℞. Ecus ovales de
France et de Navarre sous une couronne (16). Toulouse, 1717.
— Or. TB.

808 *Demi louis d'or*. Même type (17). Paris. — Or. B. Troué.

809 *Essai sur flan d'or de l'écu au bandeau*. LUD. XV. D. G. FR. ET NAV.
REX. Buste à g., les cheveux ceints d'un ruban. ℞. SIT, etc.
Ecu ovale couronné entre deux branches de laurier (57). Paris,
1740. — Or. Très belle pièce. Très rare.   *Pl. X.*

810 *Double louis d'or au bandeau*. Même tête. ℞. Ecus ovales sous
une couronne (18). Bayonne, 1755. — Or. TB.

811 — Autre exemplaire moins beau. Pau. 1759.

812 *Louis d'or*. Même type (19). Bayonne, 1763. — Or. B.

813 *Demi louis d'or*. Même type (20). Bayonne, 1742. — Or. B.

814 *Double louis d'or à la tête vieille*. Tête laurée à g. ℞. Semblable
au précédent (21). Limoges, 1771. — Or. B. Rare. *Pl. XIII.*

815 *Louis d'or*. Même type (22). Paris, 1771. — Or. B. Rare.
                                                           Pl. XIII.

816 *Ecu aux trois couronnes*. LVD. XV. etc. Buste enfantin, drapé, à
dr. ℞. (soleil) SIT, etc. Trois couronnes cantonnées de trois lis
(23). Lille, 1715. — Arg. B. Très rare.   *Pl. XIII.*

817 *Quart d'écu*. Même type (25). Montpellier, 1715. — Arg. B. Très
rare.   *Pl. XIII.*

818 *Ecu vertugadin*. Même buste. ℞. Ecu rond de France, sous une
couronne (27). Bourges. 1717. — Arg. TB.

819 — Autres. Paris, Rouen, Tours. — Arg. 3 p. B.

820 — Autres. La Rochelle, Bordeaux. — Arg. 4 p. B. et TB.

821 — Autres. Caen, Poitiers, Bayonne. — Arg. 3 p. TB.

822 — Autres. Toulouse, Montpellier, Riom. — Arg. 3 p. B.

823 — Autres. Dijon, Perpignan, Orléans. — Arg. 3 p. B. et TB.

824 — Autres. Reims, Nantes, Troyes. — Arg. 3 p. B. et TB.

825 — Autres. Lille, Amiens, Rennes. — Arg. 3 p. B. et TB.

826 *Demi écu*. Même type (28). La Rochelle, Amiens, Grenoble. —
Arg. 4 p. B. et TB.

827 *Quart d'écu*. Même type (29). Paris. Riom, Nantes, Grenoble.
— Arg. 4 p. B. et TB.

828 *Dixième d'écu*. Même type (30). Paris. Bordeaux, Toulouse,
Montpellier, Lille, Strasbourg, Aix. — Arg. 8 p. La plupart B.

829 *40 sols de Strasbourg*. Ecu accosté de 17-16 (32). Arg. B.

830 *Petit louis d'argent.* Buste à dr. ℞. 8 L. en croix (33). Paris, Rouen, Poitiers, Montpellier. — Arg. 4 p. TB.

831 — Autres. Lille, Amiens, Aix, Grenoble, La Rochelle. — Arg. 5 p. B. et TB.

832 *Écu de Navarre.* Buste enfantin lauré à dr. ℞. Écu écartelé de France-Navarre (34). La Rochelle, 1719. — Arg. FDC.

833 — Autres. Paris, Rouen. — Arg. 3 p. TB.

834 — Autres. Lyon, Toulouse, Montpellier. — Arg. 3 p. B.

835 — Autres. Caen, Tours, Perpignan. — Arg. 3 p. TB.

836 — Autres. Reims, Troyes. — Arg. 2 p. B. et TB.

837 — Autres. Lille, Amiens, Rennes. — Arg. 3 p. B. et TB.

838 *Demi écu,* Metz ; *quart,* Aix; Lyon ; *dixième,* Strasbourg (35, 36, 37). — Arg. 4 p. TB.

839 *20 et 10 sols de Navarre.* Même type, l'écu accosté de la valeur (38, 39). Paris, Rouen, La Rochelle, Bordeaux, Dijon, Orléans, Reims, Amiens, Bourges, Lille. — Arg. 13 p. En général B. et TB.

840 *Écu de France.* Buste enfantin lauré, drapé à dr. ℞. Écu de France (49). Orléans, 1722. — Arg. TB.

841 — Autre. Grenoble, 1720. — Arg. TB.

842 — Autres. Paris, Rouen. — Arg. 3 p. B.

843 — Autres. St Lô, Riom. — Arg. 3 p. B.

844 — Autres. Reims, Bourges, Metz. — Arg. 3 p. B. et TB.

845 *Demi écu.* Même type (41). Orléans, 1721. — Arg. B.

846 *Tiers d'écu.* Même type (42). Paris, Rouen, Lyon, Tours, La Rochelle, Bayonne, Toulouse, Montpellier. — Arg. 10 p. En général B.

847 — Autres. Dijon, Orléans, Reims, Nantes, Rennes, Besançon. *Sixème d'écu.* Même type (43). Poitiers, Orléans, Nantes, Rennes, Amiens, Strasbourg. *Douzième d'écu.* Même type (44). Paris, Tours, Bordeaux. — Ens. 16 p. Arg. En général B.

848 *Écu aux huit L.* Buste jeune, lauré et cuirassé à dr. ℞. Croix formée de 4 lis entourée de 4 couronnes et de 4 double L (45). Amiens, 1725. — Arg. Très beau.

849 — Autres. Paris, 1724, 1725. — Arg. 2 p. dont une trouée, l'autre TB.

850 — Autre. Rouen, 1725. — Arg. TB.

851 — Autre. Troyes, 1725. — Arg. TB.

852 — Autres. Montpellier, La Rochelle. — Arg. 2 p. TB.

853 — Autres. Metz, Lille, Rennes, Pau. — Arg. 4 p. B.

854 *Demi écu*. Même type (46). Orléans, 1725. — Arg. TB.

855 — Autre. Paris, 1725. — Arg. B.

856 *Quart d'écu*. Même type (47). Orléans, 1725. — Arg. B.

857 — Autres. Amiens, Metz. — Arg. 2 p. dont une trouée. B.

858 *Huitième d'écu*. Même type (48). Strasbourg, 1725. — Arg. Très beau.

859 *Seizième d'écu*. Même type (49). Besançon, Metz, 1725. — Arg. 2 p. AB. et B.

860 *Écu aux lauriers*. Buste jeune à g. ₰. Écu entre deux branches de laurier (5o). Lille, 1726. — Arg. TB.

861 — Autres. Tours, Poitiers, Montpellier, Troyes. — Arg. 4 p. B. et TB.

862 — Autres. Paris, Rouen, St Lô, Dijon. — Arg. 4 p. B.

863 — Autres. La Rochelle, Riom, Dijon, Reims. — Arg. 4 p. B.

864 — Autres. Amiens, Bourges, Metz. — Arg. 4 p. B. et TB.

865 — Autres. Limoges, Bordeaux, Bayonne, Toulouse, Montpellier, Perpignan, Orléans, Nantes, Grenoble, Rennes, Besançon, Aix, Pau, Metz, Strasbourg. — Arg. 17 p.

866 *Demi écu*. Même type (51). Rouen, Tours, La Rochelle, Dijon. — Arg. 4 p. TB.

867 — Autres. Paris, Caen, Lyon, Tours, Poitiers, Bayonne, Troyes, Amiens, Bourges, Rennes. — Arg. 11 p.

868 *Cinquième d'écu*. Même type (52). Paris, Tours, La Rochelle, Bordeaux, Bayonne, Montpellier, Nantes, Aix, Besançon. — Arg. 9 p.

869 *Dixième et vingtième d'écu*. Même type (53, 54). Paris, Lyon, Tours, Poitiers, Bordeaux, La Rochelle, Limoges, Bayonne, Montpellier, Dijon, Orléans, Reims, Nantes, Bourges, Lille, Rennes, Aix, Besançon, Metz, Strasbourg. — Arg. 26 p.

870 *Essai de l'écu au bandeau*. Buste à g. les cheveux ceints d'un ruban. ₰. Écu ovale entre deux branches de laurier (55). Paris, 1740. — Arg. Très beau. Rare.

871 *Écu au bandeau*. Même type (56). La Rochelle, 1742. — Arg. TB.

872 — Autres. Rennes et pièce incuse. — Arg. 2 p. TB.

873 — Autres. Aix, 1745, 1768. — Arg. 2 p. B.

874 — Autres. Paris, Caen, Limoges, Bayonne, Toulouse, Lille. — Arg. 6 p. B. et TB.

875 — Autres. Paris, Lyon, Poitiers, Bordeaux, Bayonne, Toulouse, Montpellier, Orléans, Reims, Nantes, Amiens, Bourges, Grenoble, Pau, Besançon, Metz, Strasbourg. — Arg. 18 p.

876 *Demi écu*. Même type (58). Lyon, 1747. — Arg. Très beau.

877 — Autres. Bayonne, Orléans, Lille, Besançon, Pau. — Arg. 5 p.
AB. B. et TB.

878 *Vingt quatre sols*. Même type (59). Paris, Bayonne, Orléans,
Reims, Troyes, Besançon, Pau. — Arg. 10 p.

879 *Douze et six sols*. Même type (60, 61). Paris, Rouen, Lyon,
Limoges, Montpellier, Riom, Orléans, Reims, Nantes, Lille,
Grenoble, Besançon, Metz. — Arg. 21 p.

880 *Ecu à la tête vieille*. Tête laurée à dr. ℞. Ecu ovale entre deux
palmes (62). Montpellier, 1772. — Arg. Très beau.

881 — Autre. Lille, 1774. — Arg. TB.

882 — Autres. Limoges, Toulouse, Nantes. — Arg. 3 p. TB.

883 — Autres. Paris, Lyon, La Rochelle, Bordeaux. — Arg. 4 p. B.

884 — Autres. Bayonne, Perpignan, Pau, Aix. — Arg. 5 p. B.

885 *Demi écu*. Même type (64). Paris, 1771. — Arg. B.

886 *24, 12 et 6 sols*. Même type (65, 66, 67). Paris, Limoges, Pau,
Metz, Strasbourg. — Arg. 8 p. B. et TB.

887 *Double sol* (68). Paris, Rouen, St Lô, Lyon, Tours, Montpellier,
Dijon, Reims, Troyes, Lille, Besançon, Metz, Strasbourg.
Sol (70). Paris, Poitiers, Dijon, Riom. — Bill. 26 p.

888 *Sol, demi sol et liard* (71, 72, 73, 74, 75, 76, 77, 78, 79, 80). —
Cuivre. 59 p.

889 **Colonies**. *Sol* (82, 83) *Tampé* de Cayenne (87). — Cuivre. 10 p.

890 *Livre d'argent* de la Compagnie des Indes (84). *Douze et six sols*
des Iles du Vent (85, 86). — Arg. 5 p. B. et TB.

891 *Pagode* de Pondichéry, au type indigène, émise à partir de 1705
(Zay 28). — Cuivre doré. B.

892 *4, 2, 1 royalins* de Pondichéry (92, 93, 94, 95). *Fanon* de Mahé.
— Arg. 7 p. TB.

893 *Fanam et demi fanam* de Pondichéry (97, 98, 96, 101, 102). —
Cuivre. 7 p. TB.

Louis XVI (1774-1793)

894 *Louis d'or aux palmes*. LVD. XVI. D G. FR. ET NAV. REX. Buste
habillé à g. ℞. cœms, etc. Ecu sur le sceptre et la main de justice entouré de deux palmes (1). Paris, 1774. — Or. B. Rare.
Pl. XIII.

895 *Double louis d'or aux lunettes*. Même buste. ℞. Ecus ovales de
France et de Navarre sous une couronne (2). Limoges, 1775. —
Or. FDC. *Pl. XIII.*

896 *Louis d'or.* Même type (3). La Rochelle, 1779. — Or. FDC.

897 Variété. Même type. Paris, 1781. Curieuse pièce, de style assez
grossier, de la fabrication clandestine de Birmingham, en 1796.
— Arg. plaqué d'or. TB.   *Pl. XIII.*

Voir l'article du Commandant Babut dans les procès verbaux de
la Société de Numismatique, 1901, pages XXIII, XXIV.

898 *Demi louis.* Même type (4). Paris, 1784. — Or. TB. Rare.
          Pl. XIII.

899 *Double louis au buste nu.* Buste à g. ℞. Ecus carrés de France et
de Navarre sous une couronne (5). Limoges, 1786. — Or. TB.

900 — Autre. Bordeaux, 1790. — Or. TB.

901 — Autre. Montpellier, 1786. — Or. B.

902 *Louis d'or.* Même type (6). Paris, 1785. — Or. TB.

903 — Autre exemplaire, 1787. — Or. TB.

904 — Autre. Lille, 1785. — Or. FDC.

905 — Autre. Lyon, 1787. — Or. B.

906 — Autre. Nantes, 1786. — Or. B.

907 *Essai en or de l'écu de Calonne.* LUD. XVI. D. G. FR. ET NAV. REX.
Buste lauré à g. signé J. P. DROZ F. ℞. SIT NOMEN, etc. Deux L
formés de palmes et de lauriers, enlacés sous une couronne.
Sur la tranche, DOMINE SALVVM FAC REGEM (38). Paris, 1786. —
Or. Très belle pièce. Extrêmement rare.   *Pl. X.*

908 — La même pièce, en argent (37). Très belle.

909 *Ecu de six livres.* Buste habillé à g. ℞. Ecu ovale entre deux
branches de laurier (11). Marseille, 1789, 1790. — Arg. 2 p.
B. et TB.

910 — Autres. Paris. — Arg. 5 p. B. et TB.

911 — Autres. La Rochelle, Bayonne, Orléans, Nantes. — Arg. 4 p.
TB.

912 — Autres. Metz, Strasbourg, Pau. — Arg. 3 p. TB.

913 — Autres. Rouen, Lyon, Limoges, Bordeaux. — Arg. 5 p. B.

914 — Autres. Toulouse, Montpellier, Perpignan, Lille et écu
contremarqué de Berne. — Arg. 5 p. B.

915 *Demi écu.* Même type (13). Paris, Bayonne. — Arg. 6 p.
B. et TB.

916 *24, 12 et 6 sols.* (14, 15, 16). Paris, Lyon, La Rochelle,
Bayonne, Montpellier, Perpignan, Orléans, Metz, Marseille.
— Arg. 20 p. B. et TB.

917 *Piéfort du liard* (19). Paris, 1791. — Cuivre. B.

918 *Sol, demi sol et liard* (17, 18, 19). — Cuivre. 81 p.

919 **Colonies.** *Essai* de Guiquero (22). *2 sous 6 den.* des isles du Vent (30). — Bill. 2 p. TB.

920 *2 et 3 sous* de Cayenne. *3 sols* de l'Ile Bourbon. *Tampés.* Etc. — Bill. et cuivre. 18 p.

921 **Période Constitutionnelle.** *Louis d'or.* LOUIS XVI ROI DES FRANÇOIS 1792. Buste à g. ℞. RÈGNE DE LA LOI. Génie gravant sur une table le mot CONSTITUTION. A l'ex., L'AN 4 DE LA LIBERTÉ (59.) Paris. — Or. TB.

922 *Ecu de six livres.* Même type (60). Limoges, 1792. — Arg. TB.

923 — Autres. Rouen, La Rochelle, Toulouse. — Arg. 3 p. TB.

924 — Autres. Paris, Orléans, Lille, Strasbourg. — Arg. 4 p. B.

925 — Autres. 1793. Marseille, Metz. — Arg. 2 p. TB.

926 — Autres. Paris, Bordeaux, Bayonne, Montpellier, Orléans. — Arg. 5 p. B. et TB.

927 *Demi écu.* Même type (62). Paris, 1792, 1793 — Arg. B. et TB.

928 *30 et 15 sols.* Même type (63, 65). Paris, Rouen, Limoges, Toulouse, Perpignan, Nantes, Marseille, Lille, Pau — Arg. 22 p.

929 *Six deniers.* LOUIS XVI. ROI. DES. FRANCOIS. 1790. Buste à g. ℞. LA LOI. ET, LE ROI. SIX. DENIERS. Trois lis. Sur la tranche, en creux : LIBERTÉ* CONSTITUTION* PATRIE* (58). — Cuivre. Très beau. Rare.

930 *Deux sols.* (70, 71) *12, 6, 3 deniers* (72, 73, 74) — Cuivre. 126 p.

931 *Assignat métallique.* LOUIS XVI ROI DES FRANCOIS 1791. Dans le champ : PURE MATIÈRE DE CLOCHE FRAPÉE PAR MERCIE MATHIEU ET MOUTERDE A LYON. ℞. ASSIGNAT DE 5ᵉ HYPOTHÈQUE SUR LES BIENS NATIONAUX. Coq tenant un bonnet phrygien (80). Tranche lisse. — Métal de cloche. TB. Rare   *Pl. XV*

MONNAIES DE LA RÉVOLUTION
A NOS JOURS

Révolution et Consulat (1789-1804) *

932 *Dixain*, 1791 (336, 337). — Mét. de cl. 3 p. TB.

933 *Essai.* METAL DE CLOCHE 1791. Écu de France et écu au faisceau
séparés par une épée surmontée du bonnet phrygien. ℞. LA
NATION LA LOI LE ROI (288). — Mét. de cl. 2 p.

934 *Monneron* de cinq sols. Le Serment à la Constitution. 1791 et
1792. Plusieurs variétés. — Cuivre. 10 p. B. et TB.

935 Cinq et deux sols. Hercule rompant un faisceau. — Cuivre. 7 p.
B. et TB.

936 — Deux sols. La Liberté assise à g. *Caisse de Bonne Foi*. 3 sols
de Thévenon (345) ; 6 blancs de Montagny (346). *Clémanson*.
Deux sols (454). — Cuivre, 20 p. B.

937 *Lefèvre et Lesage*. 20, 10 et 5 sols. Plusieurs variétés. — Arg.
11 p. La plupart TB.

938 *Potter*. 20, 10 et 5 sols. — Arg. 5 p. B. et TB.

939 *Caisse Métallique*. 18 deniers. Dixième d'argent fin (450). —
Arg. 2 p. B.

940 *Essai de Jerbeault*. LA NATION LA LOI LE ROI dans une couronne.
℞. J. JERBEAULT INVENTEUR, etc. (348). — Cuivre. TB.

941 *Essai de Galle*. Buste de la Liberté à g. ℞. A LA CONVENTION
NATIONALE PAR LES ARTISTES BRUNIS DE LYON, etc. *Essai* au buste
de Mirabeau avec PUR METAL, etc. (375) et METAL, etc. (405). —
Mét. de cl. 3 p. TB.

942 *Essai de Brézin*. Liberté assise à g. (455). Tranche inscrite. —
Cuivre. TB.

943 — Autres. Même type. PAIX ET FORCE ou faisceau et même
revers (456 et 617 var). Caducée entre deux lauriers (457).
Triangle entre deux lauriers (458). — Ens. 8 p. tranches lisses.
Cuivre. TB.

(*) Les numéros entre parenthèses se rapportent à l'ouvrage d'Hennin :
Histoire numismatique de la Révolution Française.

944 *Essai*. Lion deb. à g. tenant un écu sur lequel LA LOI. ℞. PURE
MATIÈRE DE CLOCHE FRAPPÉ PAR MERCIÉ MATHIEU ET MOUTERDE A
LYON (400). — Mét. de cl. TB.

945 *Essai* à la grue (428) ; au soleil levant. Génie de la Liberté. ℞.
PIÈCE D'ESSAI 1792 (423, 424) ou 1793 (613, 614). — Cuivre. 9 p.
B. et TB.

946 *24 livres en or*. Génie de la Liberté deb. à dr. A l'ex., 1793.
℞. REPUBLIQUE FRANÇOISE L'AN II. Dans une couronne, 24 LIVRES. A.
— Or. Très belle.   *Pl. XIV.*

947 *Six livres*. Même type. Lyon, 1793. — Arg. Très belle.

948 — Autres. Paris, Marseille, Lille. La dernière contremarquée de
Berne. — Arg. 4 p. B. et TB.

949 — Autres, sans la date à l'exergue. Rouen, Strasbourg. — Arg.
2 p. B. et TB.

950 2, *1 et 1/2 sols aux balances*, 1793 ou l'an II. *5 décimes* de Ro-
bespierre (608). — Cuivre. 4 p.

951 *Essai de Bernier*. La Liberté assise de face (605) tranche inscrite.
Fruste. — Autres, tranche lisse. *Essais de décime*. La France
casquée assise à g. (604). — Autre avec un faisceau entre deux
couronnes (610). *Piéfort* et *essai* de centime. *Essais* de décime,
25, 10, 5 centimes, l'an 3. — Cuivre et étain. 13 p. La plupart
de frappe postérieure.

952 *5 francs*. Hercule entre la Liberté et l'Egalité. Paris, an 4. —
Arg. 2 p.

953 — Autres. An 5 ; Paris, Bordeaux, Perpignan. — Arg. 3 p.

954 — Autres. An 6 ; Paris, Bordeaux, Lille. — Arg. 3 p.

955 — Autres. An 7 ; Paris, Bordeaux, Bayonne. — Arg. 3 p.

956 — Autres. An 8 ; Paris, Bordeaux, Bayonne. — Arg. 3 p.

957 — Autres. An 9 ; Bordeaux. An 10 ; Bayonne, Marseille. — Arg.
3 p.

958 — Autres. An 11 ; Paris, Bordeaux, Marseille. — Arg. 4 p.

959 Grand lot de 2, 1 *décimes*, *5 centimes* ; dates et ateliers variés. —
Cuivre.

960 *Un décime, 5 centimes* ; an 8 et 9, Genève. — Cuivre 8 p.

961 *Essai de Muller*. FORCE A LA LOI. Hercule tenant un écu portant
le bonnet. ℞. NOUVEAU METAIL A SIX DENIERS DE FIN COMPOSITION
DU C. MULLER (791). — Bill. Très beau.

962 — Autre exemplaire moins beau. *Fabrique du Vast*. 10, 5 cent'
Cuivre. — Ens. 4 p. B. et TB.

963 *Essai de Thuillié.* Faisceau. ℞. THUILLIE FONDEUR A NANCY. Dans une couronne, 1796 (770). — Métal de cloche. B.

964 *Essai de Tournu.* Balancier. ℞. BALANCIER PERFECTIONNÉ PAR LÉONARD TOURNU POUR EVITER LES ACCIDENTS DES MONNOYEURS ET POUR FRAPPER EN VIROLE L'AN V DE LA R. F. 1797 (806). — Cuivre. TB.

965 *Essai de Gengembre.* Module du centime. Tête de République. ℞. COUPE ET FRAPPE EN MÊME TEMS PAR PH. GENGEMBRE (807). — Arg. TB.

966 *Essai* de centime, an 6 (860). 5 et 2 *décimes* de Lorthior, an 8. — Cuivre et Bill. 5 p.

967 *Essai de Gengembre* au buste de Lavoisier, an 8 et 9; au buste de Bonaparte, an x. — Cuivre 5 p. B. et TB., sauf une.

968 *Essai de Saulnier.* PIÈCE FRAPPÉE EN VIROLE PLEINE PAR UN NOUVEAU PROCÉDÉ. ℞. PRÉSENTÉ A L'ADMINISTRATION DES MONNAIES PAR M^D GATTEAUX SERR^{ER} MECHAN^{EN} DE L'ADM^{ON} AN DIX. Tranche inscrite. — Cuivre. B.

969 NOUVEAU PROCÉDÉ DE FRAPPER EN VIROLE PLEINE PAR SAULNIER MÉCANICIEN A LA MONNAIE. ℞. du précédent. Tranche lisse. — Cuivre. TB.

970 — Même lég. ℞. PRÉSENTE A NAPOLÉON BONAPARTE I. CONSUL DE LA RÉPUBLIQUE FRANÇAISE L'AN X. Tranche lisse. — Cuivre. TB.

971 *40 francs.* Tête de Bonaparte, premier consul. Paris, an xi. — Or. TB.

972 — Autre. Paris, an 12. — Or. TB.

973 *5 francs.* Buste de Bonaparte. An xi; Paris, Perpignan, Nantes. — Arg. 4 p.

974 — Autres. An 12; Paris, Limoges, Toulouse, Marseille. — Arg. 5 p.

975 *2, 1, 1/2, 1/4 francs.* An 12. — Arg. 13 p.

976 *Module de 5 francs.* Buste de Bonaparte. ℞. LE IER CONSUL VISITE L'HOTEL DES MONNAIES LE 21 VENTOSE AN XI. — Arg. FDC.

977 **Monnaies obsidionales.** *Lyon.* Bonnet sur une épée. ℞. TROIS SOLS. Lion. — Cuivre. Coulé. TB.

978 *Mayence.* 5, 2, 1 sols; 1793. — Cuivre. 7 p. B. et TB.

979 DEN ERRETTERN DES VATERLANDS. Pyramide. ℞. DEUTSCHLANDS SCHUTZWEHR. Vue de la ville. A l'ex., DURCH CLAIRFAIT ENTSETZT DEN 29 TEN OKT. 1795. Module du thaler. — Arg. TB. Rare.

980 *Maestricht.* 100 stuivers. Etoile, 1794 et 100 st. ℞. Lisse. — Arg. TB.

981 5o stuivers. Même type. — Arg. TB. Rare.

982 Ecu Louis XVI portant les mêmes contremarques. — Arg. TB.

983 *Luxembourg.* AD USUM LUXEMBURG CC VALLATI 1795. ℞. LXII ASSES 13. — Arg. TB.

984 1 sol. *Mantoue.* X, V soldi. Soldo et mezzo soldo. — Cuivre et Bill. 9 p. B. et TB.

985 *Francfort.* Ducat d'or. Vue de la ville. ℞. AUS DEN GEFÆSEN DER KIRCHEN UND BÜRGER DER STADT FRANCKFURT 1796. — Or. FDC. *Pl. XV.*

986 **Colonies.** *La Martinique,* occupation anglaise, 1797. 3 escalins, formés du quart d'une gourde découpée en quatre (Zay 42). — Arg. TB.

987 *St-Domingue.* Sol de Louis XVI contremarqué s : p (Zay 83). — Cuivre. TB.

988 RÉPUBLIQUE FRANÇAISE. La République debout. ℞. COLONIE DE SAINT DOMINGUE. Au centre DEUX ESCALIN (Zay 80). — Arg. B. Rare.

989 Un escalin. Même type (Zay 81). — Arg. AB. Rare.

990 Demi escalin. Même type (Zay 82). — Arg. TB. Rare.

991 Sol aux balances (Zay 85) et 2 sols de Louis XVI de fabrique grossière. — Cuivre. 2 p. B.

992 *La Guadeloupe.* Meia dobrao portugaise contremarquée d'un o (arrêté du 2 floréal, an XI; Zay p. 192). — Or. TB. *Pl. XIV.*

993 — Autre, contremarquée d'un o couronné et de la valeur 82. 10. — Or. TB. *Pl. XIV.*

994 — Autre, contremarquée d'un aigle et poinçonnée 22 (carats). — Or. TB. *Pl. XIV.*

995 Meio escudo. Mêmes contremarque et poinçon. — Or. TB. *Pl. XIV.*

996 **Républiques étrangères.** *Gaule Subalpine.* L'Italie délivrée à Marengo. 20 francs, an 9. — Or. TB.

997 — Autre. An 10. — Or. TB.

998 5 francs, an 9 et 10. — Arg. 3 p. B.

999 *République Cisalpine.* Scudo de six lire, an VIII et 30 soldi, an IX. — Arg. 2 p. B. et TB.

1000 *République Cispadane.* Scudo, 1796, 1797; 1/2 scudo, 1796. — Arg. 3 p. TB.

1001 *République Ligurienne.* 96 lire. REPUBLICA LIGURE. AN VI. La République assise à g. A l'ex., L. 96. ℞. NELL' UNIONE LA FORZA. Faisceau dans une couronne. A l'ex., 1803. — Or. Très belle pièce. *Pl. XIV.*

1002 8, 4, 2, 1 lire ; 10 soldi ; 1798. — Arg. 5 p. TB. et FDC.

1003 *République de Gênes*. 8, 4, 1 lire au St Jean. Arg. — Quattrino à la Vierge. Bill. — Ens. 4 p. TB.

1004 *République Piémontaise*. 1/2 et 1/4 scudo. Arg. 2 soldi. Cuivre. — Ens. 5 p. B. et TB.

1005 *République de Venise*. Ecu de 10 lire. 1797. — Arg. 2 p. variées. TB.

1006 *République Romaine*. Scudo Romano. La République debout. — Arg. TB.

1007 2 baiocchi ; un baiocco et mezzo baiocco. Fermo ; 2 baiocchi. 1798 ; un baiocco. Macerata ; quattrino. Ronciglione ; l'incendie, 1799. — Cuivre 12 p. La plupart B. et TB.

1008 *République Napolitaine*. 12 et 6 carlins. La Liberté deb. ; an 7. Arg. 4 et 6 tornesi. Cuivre. — Ens. 6 p. B. et TB.

1009 *République Italienne*. Projet de monnaie, 1802. 2 denari et denaro (Gnecchi 9 et 10). — Br. 2 p. TB. et FDC.

1010 Projet de 1804. 1/2 soldo aux balances (Gnecchi 21). — Br. FDC.

1011 *République Helvétique*. 40 et 20 batzen au Suisse debout. s. 1798. — Arg. 3 p. B. et TB.

1012 10, 5, 1, 1/2 batz. Rappen. — Arg. et Bill. 10 p. La plupart TB.

1013 4 Franken au Suisse deb. B. 1799. — Arg. Très beau.

1014 — Autre. Même type. B. 1801. — Arg. Très beau.

1015 *Sarine et Broye*. Chapeau sur un faisceau. ℞. LIBERTE EGALITE 1798 et, dans une couronne : VALEUR DE 42 CR. — Arg. B.

1016 *République Genevoise*. Prix du travail, l'an III de l'Egalité, 1794. — Arg. FDC.

1017 Ecu de XII florins IX sols. 1795, 1796. — Arg. 3 p. B. et TB.

1018 VI florins IV sols VI d. 1795 (2 p.). 15 sols. Décime. 6, 3 sols. 1 sol 6 d. — Ens. 17 p. Arg. et Bill. La plupart B.

1019 *Etats Belgiques*. Ecu au lion, 1790. — Arg. 2 p. Très belles.

1020 Florin, x sols. Arg. 4 p. variées. Sol et 1/2 sol. Br. — Ens. 7 p. TB.

1021 *République Batave*. 1, 1/2, 1/4, 1/8, 1/16 gulden. Arg. et 1 st. cuivre de la Cie des Indes. Les pièces d'argent sont trouées. — Ens. 6 p.

1022 **Monnaies de Contribution**, frappées pour soutenir les guerres contre la France. *Bamberg*. Thaler de convention au buste de l'évêque François Louis d'Erthal (653, 704). 1794, 1795. — Arg. 2 p.

1023 Thaler à ses armes, 1794, 1795 (654, 705, 706). — Arg. 3 p. TB.

1024 — Autre (706). 20 kreutzer (707, 708). — Arg. 3 p. TB.

1025 *Mayence.* Frédéric Joseph Charles d'Erthal. Thaler à son buste de 3/4 de face (655). 1794. — Arg. TB.

1026 CUIVR. MAINZ. Ecu. R. X EINE FEINE MARK 1794 L. A. Thaler. Arg. Demi kreutzer, 1795. Cuivre. — Ens. 2 p. TB.

1027 *Trèves.* Clément Wenceslas de Pologne. Thaler au buste, 1794 (656, 657). — Arg. 2 p. TB.

1028 *Fulde.* Adalbert d'Herstal. Buste à dr. R. PRO DEO ET PATRIA 1795. (710 *bis*). Thaler. — Arg. TB.

1029 — Autre. Armoiries (710). — Arg. TB.

1030 — Autre, 1796. Buste à dr. R. Armoiries. (777). Demi thaler au buste (778), aux armes (780). — Arg. 3 p. TB.

1031 *Wurtzbourg.* Georges Charles de Fechenbach. Thaler à son buste, 1795 (713). — Arg. TB.

1032 — Autres (712, 713). — Arg. 2 p. B. et TB.

1033 — Autre (714). 20 kr. 1795 (716, 718, 719, 720). — Arg. 8 p. B.

1034 *Eichstaedt.* Joseph de Stubenberg. Thaler et demi thaler à son buste, 1796 (773, 774). — Arg. 2 p. TB. et FDC.

1035 *Ratisbonne.* Joseph Conrad. Thaler à son buste, 1796. — Arg. FDC.

1036 *Francfort.* Thaler, 1796. — Arg. 2 p. variées. TB.

Empire (1804-1815)

1037 **Napoléon** I. *40 francs.* NAPOLÉON EMPEREUR. Tête nue à g. R. REPUBLIQUE FRANÇAISE. AN 13. Dans une couronne, 40 FRANCS. Paris. — Or. TB.

1038 *20 francs.* Même type. An 14, Paris. — Or. B.

1039 *40 francs.* Même type. Lille, 1806. — Or. TB.

1040 — Autre exemplaire, Paris ; un peu moins beau.

1041 *20 francs.* Même type. Paris, 1806. — Or. TB.

1042 Variété. Buste lauré, mêmes légendes. Paris, 1808. — Or. TB.

1043 *40 francs.* Buste lauré. R. EMPIRE FRANÇAIS. Paris, 1811. — Or. B.

1044 — Autre. Même type ; 1812, Paris. — Or. TB.

1045 — Autre. Gênes, 1813. — Or. TB. Rare.   *Pl. XIV.*

1046 *20 francs.* Même type. 1809, Paris. — Or. TB.

1047 — Autre. 1810, Paris. — Or. TB.

1048 — Autre. 1811, Paris. — Or. TB.

1049 — Autre. 1812, Paris. — Or. B.

1050 — Autre. 1813, Utrecht. — Or. B.

1051 — Autre exemplaire. Paris. — Or. TB.

1052 — Autre. 1814. Paris. — Or. TB.

1053 — Autre. 1815, Paris. — Or. TB.

1054 5 *francs*. NAPOLÉON EMPEREUR. Tête nue à dr. ℞. RÉPUBLIQUE FRANÇAISE. AN 12. Dans une couronne 5 FRANCS. Paris, Toulouse. — Arg. 2 p. B.

1055 *1, 1/4 franc*, an 12, Paris. 2, *1, 1/4 francs*, an 13, Paris, La Rochelle, Limoges, Toulouse, Nantes. — Arg. 12 p. B. et TB.

1056 *1/4 de franc*, an 13, Turin. — Arg. FDC.

1057 5 *francs*. Mêmes légendes. Tête à dr. signée *Gr*. Genève, an 13. — Arg. B. Rare.   *Pl. XIV.*

1058 — Autres. Paris, Limoges. — Arg. 3 p. B.

1059 — Autres. Limoges, Toulouse, Perpignan, Marseille et, pour l'an 14, Paris. — Arg. 4 p. B.

1060 *2, 1, 1/2, 1/4 francs*. An 14, Paris, Bordeaux. — Arg. 4 p. B. et TB.

1061 *5 francs*. Même type, 1806. Paris. — Arg. FDC.

1062 — Autre exemplaire moins beau. Bayonne. 2, *1, 1/2, 1/4 francs*, même date. Paris, Bayonne, Perpignan. — Arg. 7 p. La plupart B. et TB.

1063 5 *francs*, Bayonne; *1/4 de franc*, Limoges, Turin, 1807. Autre à la tête de nègre. Paris. — Arg. 4 p.

1064 5 *francs*. Tête laurée à droite. ℞. RÉPUBLIQUE FRANÇAISE. 1808, Paris, Rouen, Bordeaux, Lille. — Arg. 4 p. B.

1065 *2, 1, 1/2, 1/4 francs*. Même type, 1808, Paris, Lyon, La Rochelle, Bayonne, Strasbourg. — Arg. 7 p. B. et TB.

1066 5 *francs*. Même type. ℞. EMPIRE FRANÇAIS. 1809. Rouen. 2, *1, 1/2, 1/4 francs*. Mêmes type et date. — Arg. 7 p. B. et TB.

1067 *5 francs*. Même type; 1810, Paris, Rouen, Bayonne, Perpignan. — Arg. 4 p. B.

1068 *2, 1, 1/2 francs*; 1810. Paris, Rouen, Lille; 1811, Paris, Rouen, Toulouse, Marseille. — Arg. 9 p. B. et TB.

1069 *5 francs*. 1811. Turin. — Arg. B. Rare.

1070 — Autres. Paris, Rouen, Lyon, La Rochelle, Lille. — Arg. 6 p. B.

1071 — Autre; 1812, Rome. — Arg. TB. Rare.

1072 — Autres, Rouen, Lyon, Limoges, Nantes. — Arg. 4 p. B. et TB.

1073 *1 franc* ; même date. Rome. — Arg. B. Rare.

1074 *5 francs*. 1813. Paris, La Rochelle, Limoges, Bordeaux, Toulouse, Perpignan, Nantes, Lille, Marseille. — Arg. 9 p. B.

1075 — Autre. Même date, Utrecht. — Arg. B.

1076 2, *1 francs*. Même date Utrecht. — Arg. 2 p. TB.

1077 *5 francs*. 1814. Paris. — Arg. Très beau.

1078 — Autre exemplaire moins beau, Marseille. 2, 1, *1/2 francs*, 1812, 1813, 1814 ; Paris, Rouen, Bordeaux, La Rochelle, Nantes, Lille. — Arg. 14 p. B. et TB.

1079 *5 francs*. 1815, Limoges, Bayonne. — Arg. 2 p. B.

1080 — Autre, 1811 contremarqué d'une tête de tigre et l'œil crevé. *2 francs* ; 1815, Paris. — Arg. 2 p. TB.

1081 *Essai de Droz*. NAPOLÉON EMPEREUR. Tête laurée à dr. ℞. 5 FRANCS 1815 dans une couronne. — Arg. TB.

1082 *Essai de Gengembre*. Module du 1/4 de franc. Tête à dr. ℞. PROCÉDÉ DE GENGEMBRE. Lampe antique ; dessous, XII. — Autre. ℞. P G. *Essai de Salneuve*. Tête de Napoléon I. *Essai de Tiolier*, pour la monnaie d'Utrecht. La Monnaie assise. ℞. REVERS à l'envers. *Sol* de la République contremarqué d'un aigle. — Ens. 6 p. Arg. et Br. TB.

1083 **Napoléon, roi d'Italie** *40 lire*. 1808, Milan. — Or. TB.

1084 — Autre exemplaire un peu moins beau.

1085 — Autre. 1812, Milan. — Or. TB.

1086 — Autre. 1813, Milan. — Or. TB.

1087 *20 lire*. 1813, Milan. — Or. TB.

1088 *5 lire*, 1807, 1808, 1809, Milan. — Arg. 4 p. B.

1089 — Autres ; 1810, Milan ; 1811, 1812, Bologne. — Arg. 3 p. B.

1090 2, *1 lire* ; *10 et 5 soldi*. 1808, 1809, 1811, 1812, 1813. Arg. 9 p. *Soldo, 3 et 1 cent*. Br. 7 p. — Ens. 16 p. TB. et FDC

1091 — Lot analogue, mais de conservation médiocre. — Arg. 12 p. Br. 14 p.

1092 **Monnaies obsidionales**. *Strasbourg*, bloquée par les Alliés, 1814-1815. Décimes au nom de Napoléon ou de Louis XVIII. — Br. 10 p.

1093 *Anvers*, bloquée par les Alliés, 1814-1815. 10 et 5 centimes de Napoléon ou de Louis XVIII. — Br. 18 p. La plupart TB.

1094 *Zamosc*, assiégée par les Russes, 1813. 2 zlote ; arg. 6 groszy ; cuivre. — Ens. 3 p.

1095 *Palma Nova*, assiégée par les Alliés, 1814. 50 centimes. — Bill. TB.

1096 *Hambourg*, occupée par les Français. 32 schillinge. 1808. 1809.
— Arg. 3 p. TB.

1097 Ducat, 1810. — Or. TB.   *Pl. XV.*

1098 *Zara*, assiégée par les Autrichiens, 1813. Pièce de 4 onces ou
18ᶠ 40ᵈ. Gros aigle. — Arg. TB. Rare.   *Pl. XV.*

1099 — Variété. Petit aigle. — Arg. TB. Rare.   *Pl. XV.*

1100 2 onces ou 9ᶠ 20. Même type. — Arg. TB. Rare.   *Pl. XV.*

1101 1 once ou 4ᶠ 60ᶜ. — Arg. TB. Rare.

1102 *Cattaro*, assiégée en 1813. 10 francs; types et légendes en
creux. — Arg. TB. Rare.   *Pl. XV.*

1103 5 francs. Même type. — Arg. TB. Rare.

1104 Variété, avec les grenades sous la valeur. — Arg. TB. Rare.

1105 1 franc. ℞. CATTARO 1813. — Arg. TB.   *Pl. XV.*

1106 **Colonies**. *Isles de France et Bonaparte*. Dix livres ou piastre
Decaen. — Arg. TB.

1107 *La Guadeloupe*. Gourde percée au centre et contremarquée d'un
G couronné (Zay 5). — Arg. TB.

1108 Gourdain ou 20 sous, formé du centre d'une pièce découpée et
portant un G rayonnant (Zay 6). — Arg. TB.

1109 Quart de gourde ou 2 livres 5 sous, formé du quart d'une pièce
coupée en quatre et contremarqué d'un G couronné (Zay 8). —
Arg. 2 p. TB.

1110 24, 12, 5 sols contremarqués d'un G couronné. Sols de la République et de Georges III contremarqués. 1/2 gourde du Cercle
de commerce de la Pointe à Pitre. — Arg., cuivre et fonte.
8 p. TB.

1111 *La Martinique*. Peso espagnol percé d'un cœur au centre
(Zay 49). — Arg. TB.

1112 Cœur taillé dans un peso (Zay 50). — Arg. 2 p. TB.

1113 Double réal et réal percés d'un cœur (47, 48). Sol de la République, contremarqué d'un cœur (59). — Arg. et cuivre. 3 p.
TB.

1114 *Sainte Lucie*. Quart d'un double réal coupé et portant une
marque ronde. Tiers de pièce coupée et contremarquée
S. LUCIE (Zay 71). 12 deniers, Louis XVI, contremarquée S L. —
Arg. et cuivre. 3 p. TB.

1115 *St Domingue*. Sols contremarqués N couronné ou S D sous un N.
Pondichéry. Roupie d'argent (Zay 32). — Arg. et cuivre. 3 p. TB.

1116 **Joseph Napoléon**, *roi des Deux Siciles*. Ecu de 120 grani 1808.
— Arg. TB.

1117 — Autre exemplaire, un peu moins beau.

1118 *Roi d'Espagne.* 80 réaux. Madrid, 1813. — Or. Très beau.

1119 8 réaux. 1809, Madrid. — Arg. TB.

1120 20 réaux. 1811, Madrid. — Arg. 2 p. B.

1121 10, 4, 1 réaux d'argent. 8 maravédis, cuivre. — Ens. 13 p.

1122 *Majorque.* 30 sous, 1808, au nom de Ferdinand VII (Mailliet LXXVII, 1). Octogone. — Arg. TB.

1123 — Autre, ronde (M LXXVII, 2). — Arg. TB.

1124 *Girone.* Douro au nom de Ferdinand VII, 1808. — Arg. TB.

1125 *Tarragone.* 5 pesetas. 1809, au nom de Ferdinand VII. — Arg. 3 p. TB.

1126 *Barcelone.* 20 pesetas, 1812. — Or. TB.

1127 5, 2, 1 pesetas ; argent. 4, 1 quartos ; cuivre. — Ens. 8 p.

1128 **Louis Napoléon**, *roi de Hollande.* Ducat d'Utrecht, 1806, au type du chevalier debout. — Or. B.

1129 Rixdaler d'Utrecht, 1808, au type du chevalier debout. — Arg. TB.

1130 Ducat. LODEW. NAP. KON. VAN HOLL. Tête à g. ℞. KONINGRIJK HOLLAND 1809. Écu écartelé. — Or. TB.

1131 Autre. ℞. EENDRAGT MAAKT MAGT. Chevalier debout, 1809. — Or. TB. *Pl. XIV.*

1132 20 florins. Même type. ℞. KONINGRIJK HOLLAND 1810. Écu accosté de 20 - 6ⁿ. Tranche inscrite. — Or. Très beau et rare. *Pl. XIV.*

1133 Rixdaler. Même lég., tête à dr. ℞. Même type, écu accosté de x - Dⁿ ; dessous, 1809. — Arg. Très beau. Rare. *Pl. XIV.*

1134 2 florins 1/2. Même type varié. L'écu accosté de 2 1/2 - 6ⁿ ; dessous, 1808. Tranche inscrite. — Arg. Très beau. Rare. *Pl. XIV.*

1135 50 stuivers. Même type avec 50 - sⁿ 1807 et la tête signée GEORGE F. — Arg. TB. Rare.

1136 Variété, 1808, sans la signature. — Arg. FDC.

1137 1 florin. Même type avec 1. - 6ⁿ. 1809. Tranche inscrite. — Arg. TB. Rare. *Pl. XIV.*

1138 10 stuivers. Même type, 10 - s. 1809. Tranche inscrite. — Arg. Très beau. Rare. *Pl. XIV.*

1139 Essai de Salneuve, 1808. Module de l'écu. Tranche inscrite. — Bronze. TB.

1140 *Java.* 1/2 stuiver, dute, 1/2 sol, liard et lingot de 1 stuiver. — Cuivre. 14 p.

1141 **Jérôme Napoléon**, *roi de Westphalie*. 10 thaler. HIERONYMUS
NAPOLEON, Ecu. ℞. KOENIG VON WESTPHALEN FR. FR. Dans le
champ, X THALER 1810. B. — Or. TB.

1142 Variété. Tête laurée à g. ℞. Même type, 1811. — Or. TB.

1143 Thaler. Tête laurée à dr ℞. Même type avec X EINE FEINE MARK
1811. C. — Arg. Très beau.

1144 — Autres, 1811, 1812, moins beaux.

1145 Variété. ℞. SEEGEN DES MANSFELDER BERGBAUES 1811. C. —
Arg. TB.

1146 2/3 thaler, 1809. Tête nue à g. N. D. REICHS. FUSS. FEIN SILBER. —
Arg. Très beau.

1147 Variété, 1811. Tête laurée à dr. N. D. LEIPZIGER FUSS. — Arg.
Très beau.

1148 Florin. Armoiries. ℞. XXIIII MARIEN GROSCH. 1810. NACH D. LEIPZ.
FUS. — Arg. B.

1149 Petit thaler des mines, Clausthal, 1811. 1/6 thaler, N. D. R. F.
1810. Arg. 2 p. Pièces divisionnaires diverses. Bill. et Cuivre.
— Ens. 19 p. La plupart B. et TB.

1150 20 franken. 1809. Tête laurée à g. — Or. TB.

1151 10 franken. 1813. Même type. Tranche lisse. — Or. FDC.
Pl. XIV.

1152 5 franken, 1813. Même type. — Or. B.

1153 5 franken. Tête laurée à dr. 1809. — Arg. AB.

1154 2 franken, 1808. Même type. — Arg. TB. Rayé.

1155 1/2 franken, 1808. Même type. — Arg. FDC.

1156 **Joachim Murat**, *grand duc de Berg et Clèves*. Petit écu, 1806.
— Arg. TB.

1157 *Grand duc de Berg*. Cassa thaler, 1807. — Arg. TB.

1158 *Grand amiral de France et roi de Naples*. 12 carlins. Tête à g.
1810. — Arg. TB.

1159 — Autres, 1809, 1810. — Arg. 2 p. TB.

1160 *Roi de Naples*, 40 lire, 1813. Tête à g. — Or. B.

1161 20 lire. Même type. 1813. — Or. TB.

1162 5, 2, 1, 1/2 lire; argent. Divisions; billon et cuivre. — Ens.
17 p.

1163 **Elisa Bonaparte et Félix Bacciochi**, *princes de Lucques et
Piombino*. 5 franchi, 1805, 1806. Franco, 1806, 1808. Argent.
5, 3 cent. Cuivre. — Ens. 7 p. B.

1164 **Maréchal Berthier**, *prince de Neuchatel*. 5 francs; argent;
frappe postérieure. Divisions; cuivre. — Ens. 12 p. B. et TB.

1165 **Maréchal Lefèvre**, *duc de Dantzig*. Essai en argent d'un groschen, 1809. 1 groschen et 1 schilling; cuivre. — Ens. 3 p. B. et TB.

1166 **Marie Louise**, *duchesse de Parme*. 40 lire, 1815. — Or. B

1167 5, 2, 1 lire, 10 et 5 soldi; argent. 5 cent.; cuivre. — Ens. 10 p. B. et TB.

1168 **Maréchal Bernadotte**, *roi de Suède*. Speciesdaler, 1824, 1827, 1844; 1/2 species, 1824; 1/8, 1833; argent. Divisions; cuivre. — Ens. 12 p. En général. B. et TB.

1169 **Louis I**, *roi d'Etrurie*. Ecu de Pise, 1803. — Arg. B.

1170 **Charles Louis et Marie Louise**, rois d'Etrurie. Ecu de Pise, 1807. Arg. TB.

1171 Ecu de Florence, 1807; demi écu, 1804; lire, 1806. — Arg. 3 p. TB.

1172 **Frédéric-Auguste**, *duc de Varsovie*. 1/3, 1/6 thaler; 10, 5, 3 gros. — Arg. Bill. Cuivre. 11 p. B. et TB.

1173 **Salzbourg.** *Ferdinand III*, archiduc d'Autriche. Ducat, 1806. — Or. Très beau.

1174 Thaler, 1803; 20, 6 kreutzer, 1805, 1806; kreutzer. — Arg. Bill. Cuivre. 6 p. B. et TB.

1175 **Confédération du Rhin.** *Charles de Dalberg*, prince primat. Ducat. Buste à dr. ℞. Armes. 1809. — Or. TB.   *Pl. XV.*

1176 Thaler. Même type. Francfort, 1808. — Arg. TB.

1177 Même type varié. Ratisbonne, 1809. — Arg. TB.

1178 — Variété sans les armoiries, 1809. Demi thaler, même type. Arg. Kreutzer. Bill. — Ens. 7 p. TB.

1179 *Maximilien Joseph de Bavière*. Thaler de convention, 1807. Kronenthaler, 1812. — Arg. 2 p. TB.

1180 *Frédéric I de Wurtemberg*. Thaler de 1812. — Arg. TB.

1181 *Frédéric Auguste de Saxe*. Thaler de convention, 1813. Thaler des mines, 1811. Florin, 1812. — Arg. 3 p. TB.

1182 *Grand duché de Saxe Weimar*. Thaler, 1815. — Arg. TB.

1183 *Ferdinand III d'Autriche, grand duc de Wurtzbourg*. Ducat. Son buste. ℞. Ecu sur un palmier, 1809. — Or. FDC.
Pl. XV.

1184 *Charles, prince d'Isenbourg*. Petit écu. Tête à g. ℞. 16 eine feine mark 1811. — Arg. FDC.

1185 Essai de ducat. Même tête. ℞. Armes accostées de 18-11; dessous, ducat. — Arg. Très beau.

1186 12 et 6 kreutzer, 1811. — Bill. 2 p. TB.

1187 *Frédéric Guillaume de Nassau.* Thaler. 1811. — Arg. Très beau.

1188 *Frédéric Gunther de Schwarzbourg.* Thaler, 1812. — Arg. FDC.

1189 *Henri XIII de Reuss.* Thaler, 1812. — Arg. Très beau.

1190 *Charles Frédéric, grand duc de Bade.* Kronenthaler, 1813. — Arg. Très beau.

1191 *Lot* de monnaies divisionnaires diverses de la Confédération du Rhin. — Arg. Bill. et cuivre. 65 p. la plupart TB.

1192 **Les Alliés à Paris.** *Alexandre I.* ALEXANDRE REND LA FRANCE A L'EUROPE AVRIL 1814. Trois lis. ₨. AU PACIFICATEUR DE L'EUROPE. PARIS. Dans le champ. *A I.* Module de 5 fr. Tranche inscrite. — Arg. TB.

1193 *François I.* GALLIA REDDITA EUROPAE APRILE 1814. Même type. ₨. FRANÇOIS, etc. Dans le champ. ANGE DE PAIX. Module de 2 fr. Tranche inscrite. — Arg. TB.

1194 — Module de 5 fr. Tr. lisse. Cuivre. *Frédéric Guillaume III.* Module de 5 et 2 fr. Même type. Refrappes. Arg. — Ens. 3 p. TB.

1195 **Restauration.** *20 francs* au buste de Louis XVIII. 1815, R. Frappée à Londres. — Or. TB.

DIVERS

1196 **3ᵉ République.** *Piéforts de 2 et de 1 fr.* par Roty, 1898. — Arg. 2 p. TB.

1197 *2 fr.* (3 p.) et *1 fr.*, 1914. Castelsarrazin. — Arg. 4 p. FDC.

1198 *Projets de Michelin.* — Arg. 8 p. Nickel, 16 p. Alum. 6 p. FDC.

1199 *Essais de 10 et 5 cent.* 1909. *Essai monétaire.* 1897. Aluminium. *Essais de Merley.* 20, 10, 5 cent. 1887. Nickel. — Ens. 6 p. FDC.

1200 **Monnaies Coloniales.** *Cambodge.* Piastres et divisions. 4, 2, 1 fr.; 50 et 25 cent. 10 et 5 cent. — Ens. 11 p. Arg. et Cuivre.

1201 *Cochinchine.* 50, 20, 10 cent. et divisions. *Indochine.* Piastre, 20, 10 cent. et divisions. — Arg. et Cuivre. 31 p.

1202 50 cent. 1889. Arg. Piéfort de 1 cent. 1908. Cuivre. Essai de Sapèque, 1887. Nickel. *Annam.* Minh mang thông bao de 1834. Arg. — Ens. 4 p. TB.

1203 *Madagascar*. Ranavalo III. 5 francs ; 10 cent. *Grande Comore*. Saïd Ali. Piastre ; 10, 5 cent. — Ens. 5 p. Arg. et Cuivre. TB. et FDC.

1204 *Siam, Tonkin, Laos, Tunisie, Maroc*, etc. — Arg. Cuivre. Nickel. Zinc. 72 p.

1205 Lot. Essai de 5 cent., Louis XVIII. Concours monétaire de 1848. 50 cent. de Roty, 1897. 10 et 5 cent. de la République et de Napoléon III, etc. — Arg. Cuivre. Nickel. Aluminium. 76 p.

1206 Monnaies non cataloguées, pièces fausses, reproductions. — Arg. Cuivre. Plomb. 42 p.

MÉDAILLIERS

1207 Très beau meuble-bahut de style Renaissance, à deux corps, en chêne sculpté. Le corps supérieur, orné de colonnes et d'un fronton représentant un amour et des chimères, renferme 29 tiroirs de 38 × 30 centimètres garnis de velours rouge. Le corps inférieur en renferme 21 semblables.

1208 Belle armoire-médaillier en noyer ciré, à deux portes, orné de colonnes, avec dessus en marbre rouge. Elle renferme 58 tiroirs de 31 × 62 centimètres garnis de drap rouge. Hauteur du meuble, 1m50 ; largeur, 95 centimètres ; profondeur, 50 centimètres.

1209 Joli médaillier en acajou, à deux portes, le dessus du meuble forme pupitre. 50 tiroirs de 34 × 30 cent. garnis de cartons à médailles. Hauteur du meuble, 1m35 ; largeur, 49 centimètres ; profondeur, 38 centimètres.

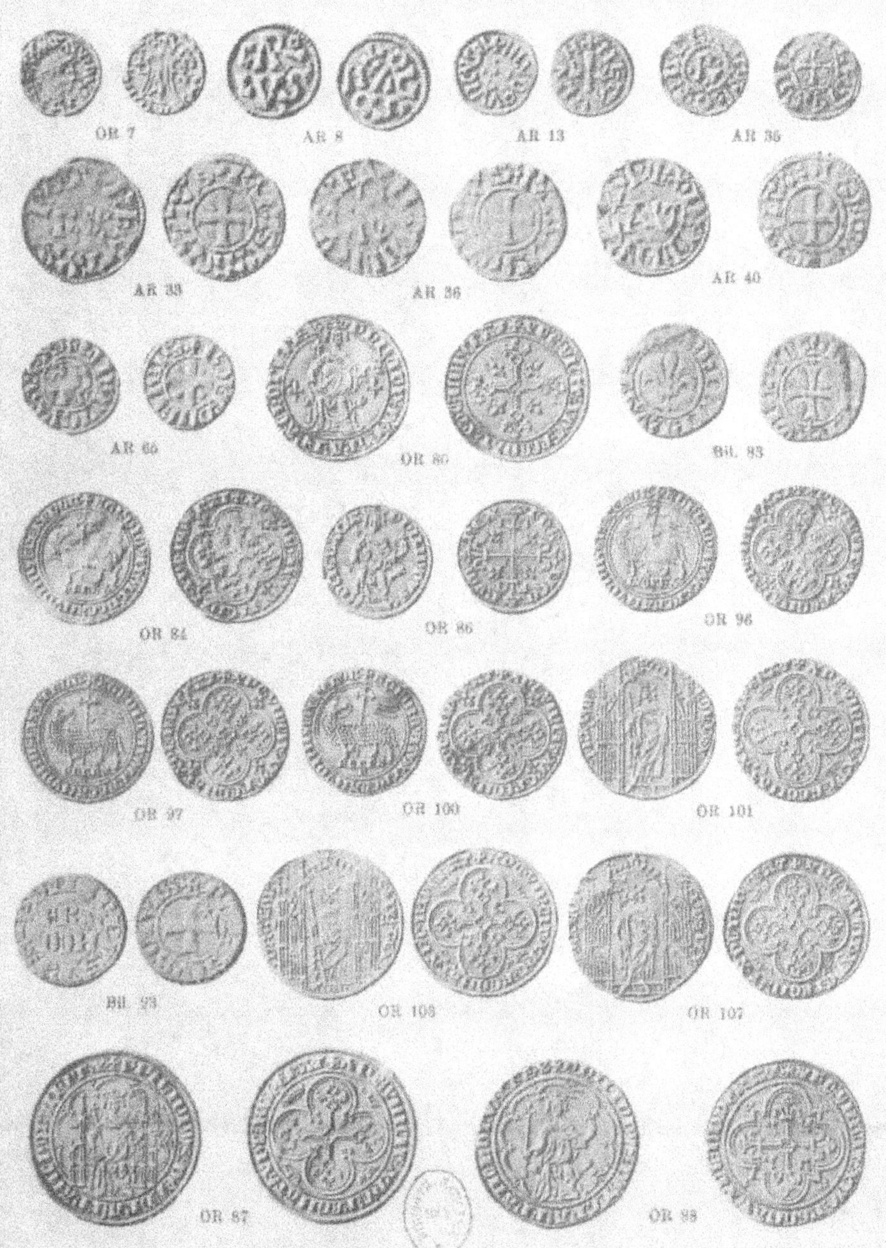
OR 7
AR 8
AR 13
AR 38
AR 33
AR 36
AR 40
AR 66
OR 80
Bil. 83
OR 84
OR 86
OR 96
OR 97
OR 100
OR 101
Bil. 93
OR 106
OR 107
OR 87
OR 88

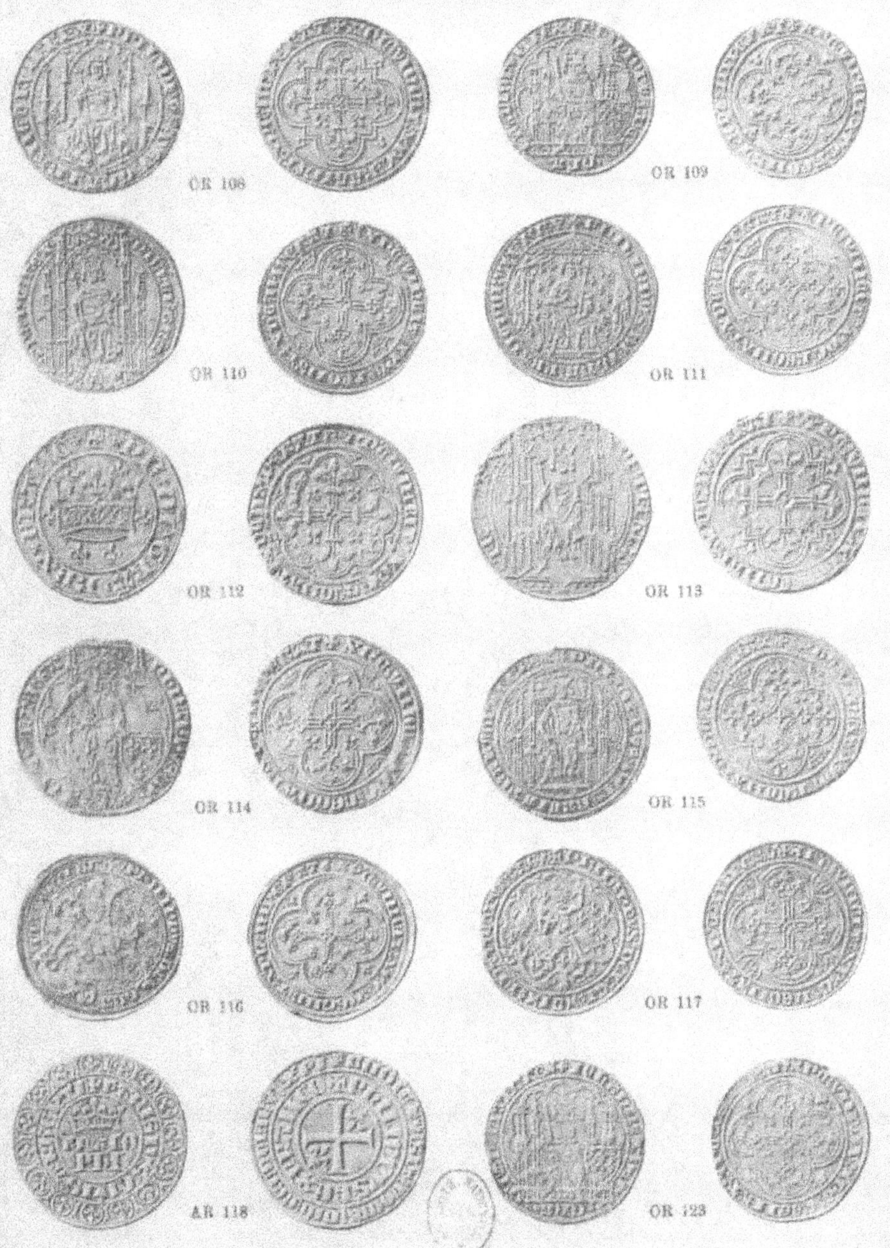
OR 108
OR 109
OR 110
OR 111
OR 112
OR 113
OR 114
OR 115
OR 116
OR 117
AR 118
OR 123

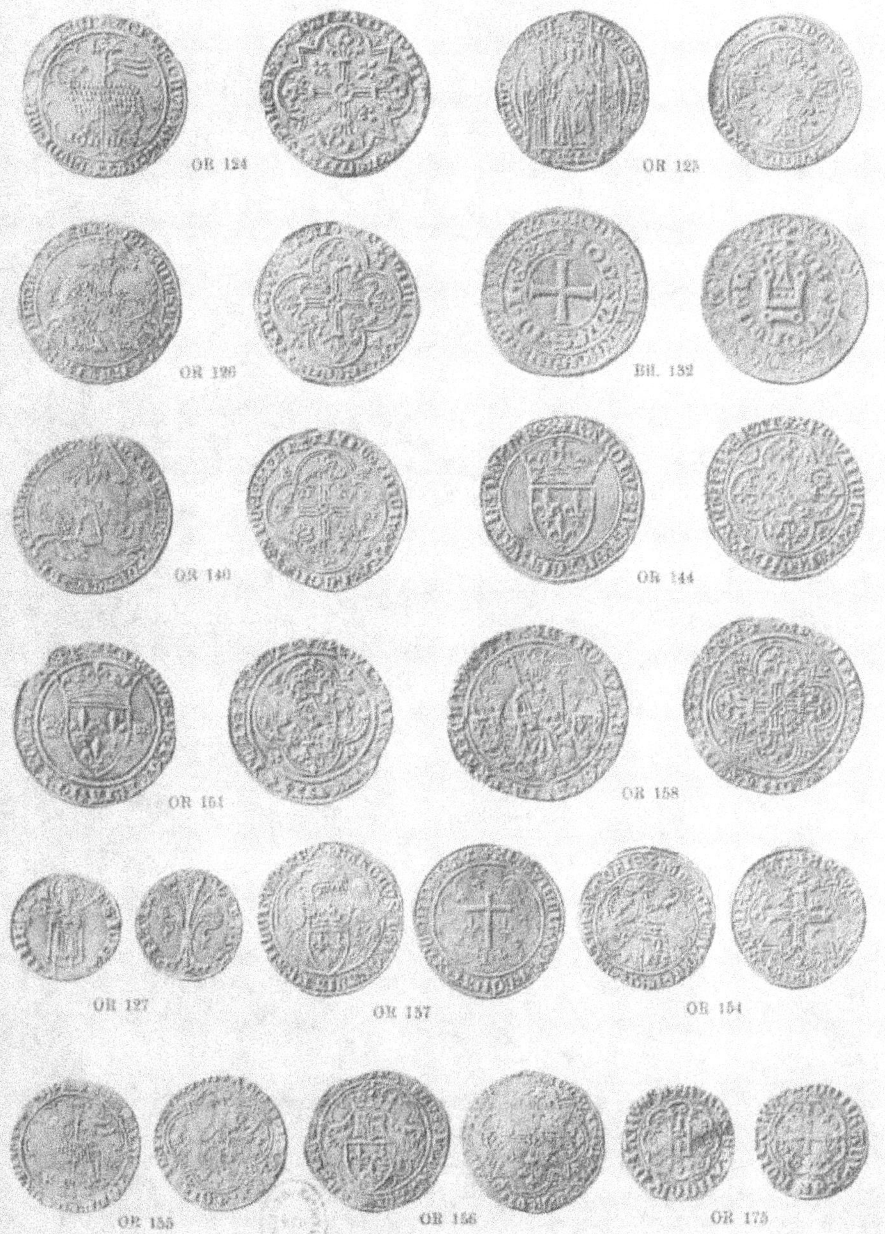

OR 124
OR 125
OR 126
BIL. 132
OR 140
OR 144
OR 151
OR 158
OR 127
OR 137
OR 154
OR 155
OR 156
OR 175

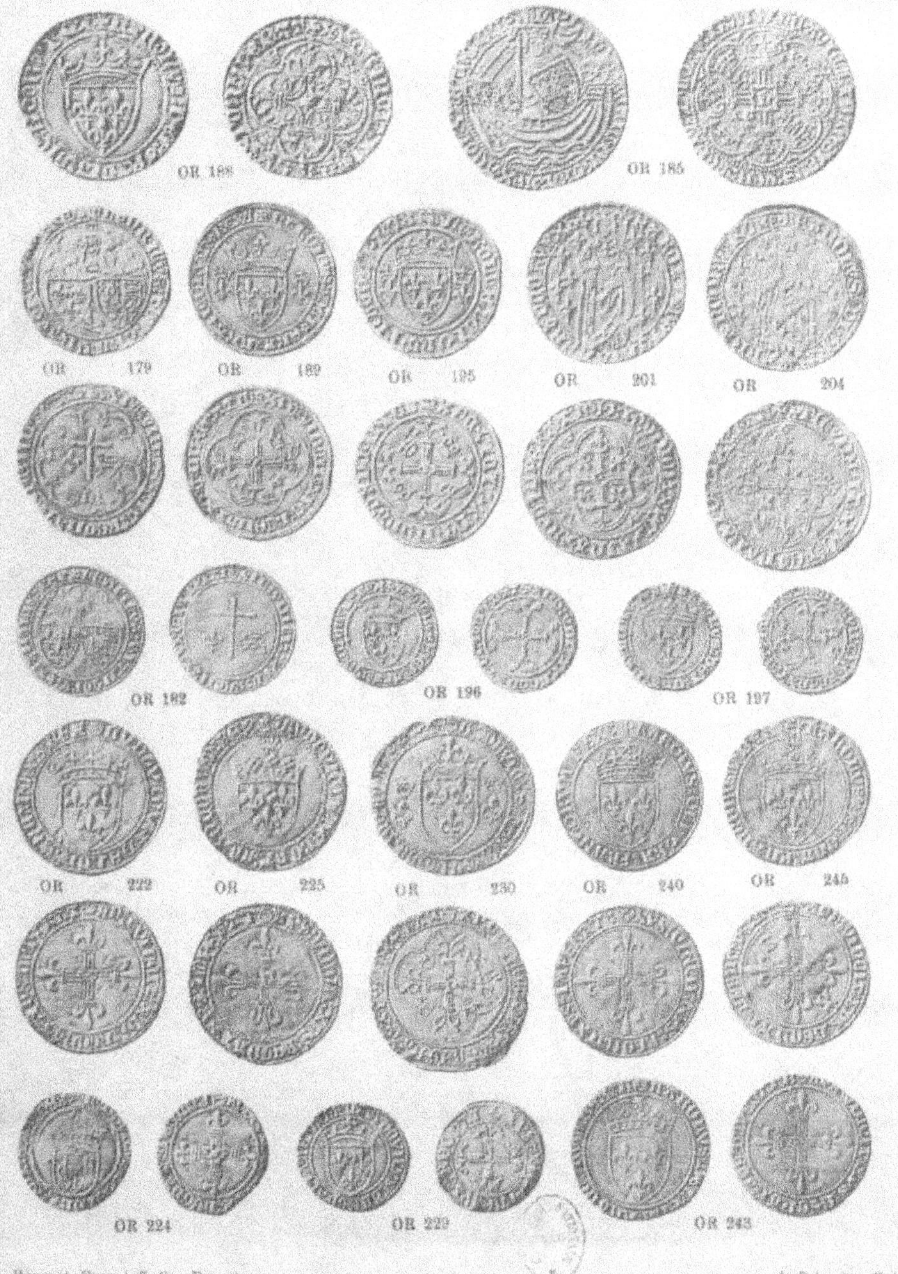

Et. Bourgey, Expert, 7, Rue Drouot

Le Deley, imp., Paris

OR 246   OR 249   AR 258   OR 267   OR 269

OR 247   OR 273   OR 268

OR 270   OR 273   OR 274   AR 276   AR 277

AR 285   OR 287   OR 290   AR 291   OR 298

AR 299
AR 303
AR 300
AR 301
OR 304
AR
302
OR
322
OR
312
OR 306
OR 313
OR 314
OR 315
OR 316
OR 317
OR 320
OR 323
OR 324
OR 335

AR 342
AR 355
AR 356
AR 358
AR 360
AR 370
AR 380
OR 381
AR 382
AR 383
F F
OR 393
OR 383
OR 394
OR 390
OR 392
OR 391
AR 384
AR 386

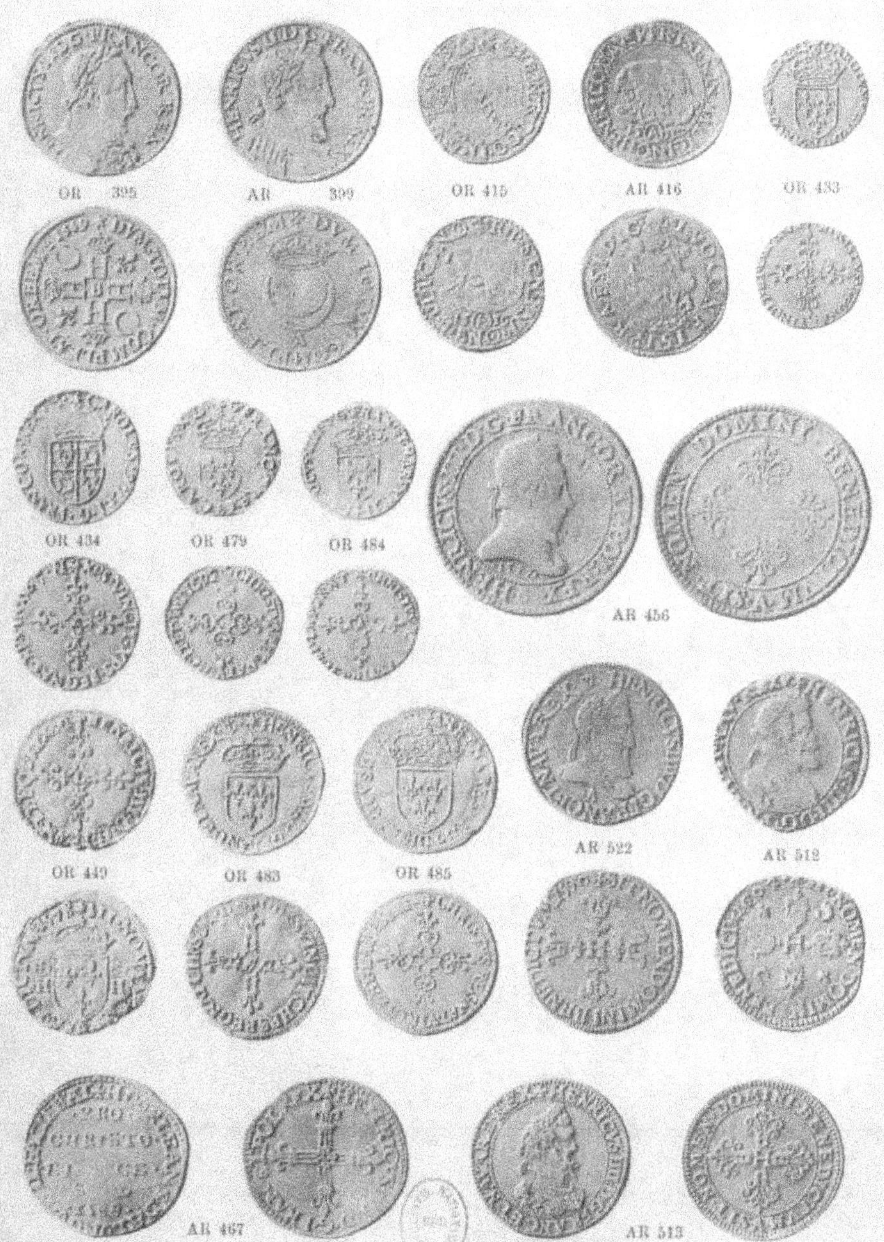

OR 395
AR 399
OR 415
AR 416
OR 433
OR 434
OR 479
OR 484
AR 456
OR 449
OR 483
OR 485
AR 522
AR 512
AR 467
AR 513

OR 534
OR 541
AR 542
Bil. 565
AR 548
OR 530
OR 525
AR 576
AR 569
AR 573
AR 557
AR 582
AR 583
BR 584
OR 588
OR 592
OR 593

OR 531   OR 532   OR 533

OR 809   AR 558   OR 907

OR 594
OR 599
OR 604
OR 605
OR 617
AR 651
OR 608
OR 615
AR 625
OR 597
OR 614
OR 770
OR 600
AR 707
OR 795
AR 723

AR 649
AR 679
AR 706
AR 743
AR 729
AR 741
AR 728
AR 730
AR 653
AR 794
AR 784

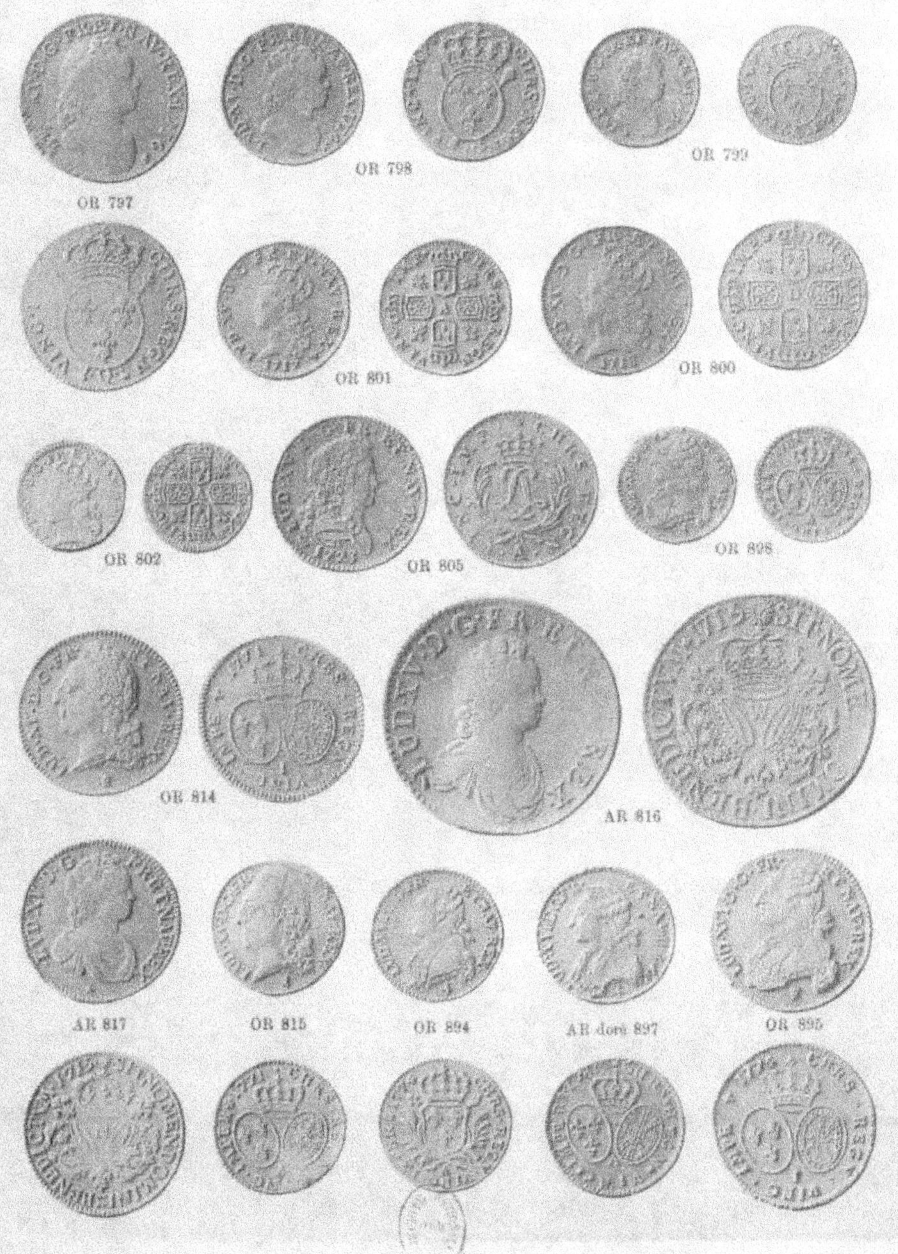
OR 797
OR 798
OR 799
OR 801
OR 800
OR 802
OR 805
OR 898
OR 814
AR 816
AR 817
OR 815
OR 894
AR doré 897
OR 895

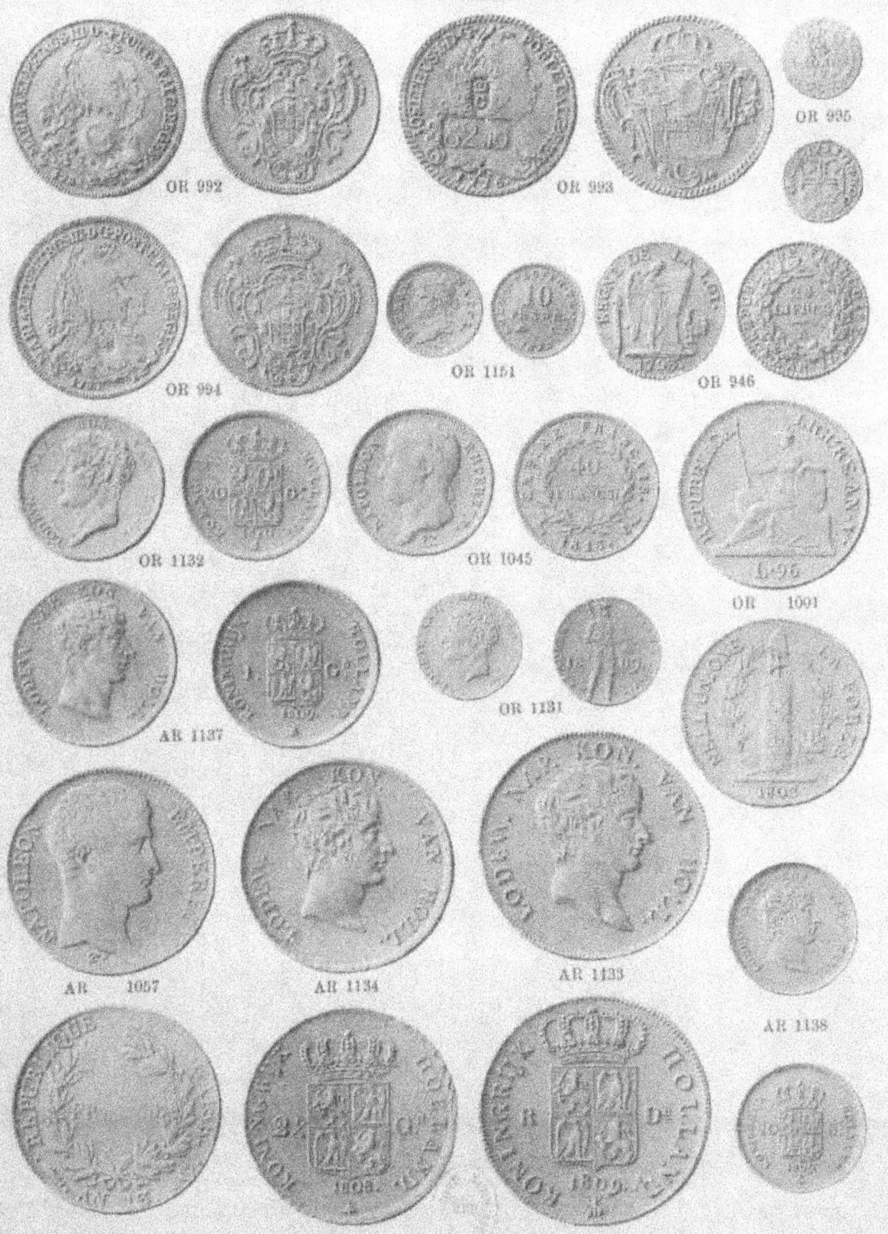
OR 935
OR 992
OR 993
OR 994
OR 1151
OR 946
OR 1132
OR 1045
OR 1091
AR 1137
OR 1131
AR 1057
AR 1134
AR 1133
AR 1138

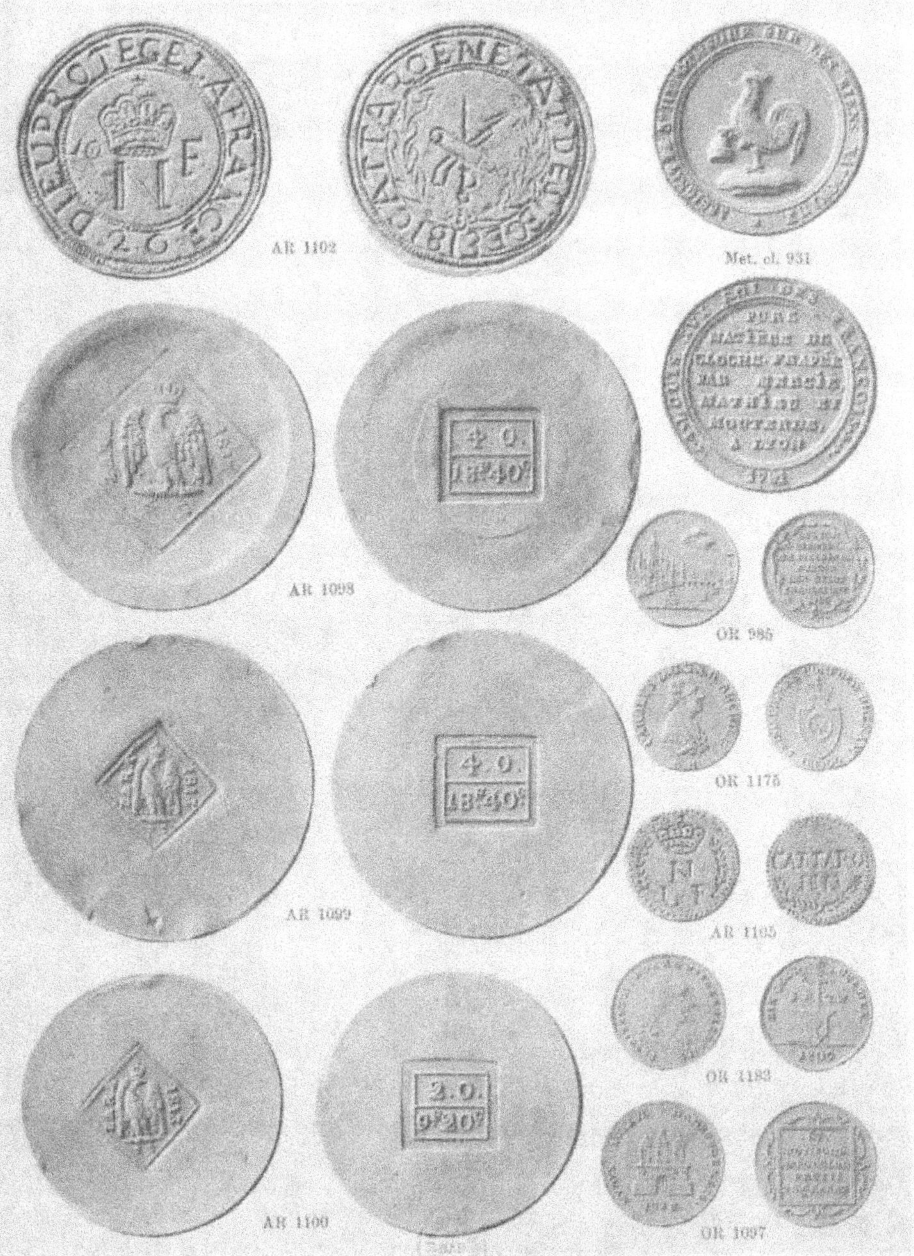

AR 1102

Met. cl. 931

AR 1098

OR 985

AR 1099

OR 1175

AR 1105

AR 1100

OR 1183

OR 1097